教育评估文库

XUEXIAO JIAOYU SHEHUI

FENGXIAN PINGGU GAILUN

学校教育社会风险评估概论

上海市教育评估院　组织编写

夏人青　何玉海　杨 琼等　著

高等教育出版社·北京

HIGHER EDUCATION PRESS　BEIJING

内容简介

　　本书从社会风险管理的视域出发，从社会给学校教育带来的潜在风险和学校教育某些因素给社会带来的潜在风险两个维度入手，系统地研究界定了学校教育社会风险的概念、类型与特征。 在此基础上，全面研究分析了学校教育社会风险评估的概念内涵与学校教育社会风险评估的意义和原则；系统建构了学校教育社会风险评估指标体系；研究探讨了学校教育社会风险评估的实施方法、步骤与学校教育社会风险管理的具体措施。最后通过大量的案例与分析，系统阐释了开展学校教育社会风险评估和实施学校教育社会风险管理的必要性与可能性。 本书系我国第一部根据系统论的原理，从社会风险管理的视域出发，系统研究学校教育与管理的专著，想必具有一定的意义。

图书在版编目(CIP)数据

　　学校教育社会风险评估概论/夏人青等著；上海市教育评估院组织编写. —北京：高等教育出版社，2013.4
　　（教育评估文库）
　　ISBN 978 – 7 – 04 – 032843 – 1

　　Ⅰ.①学… 　Ⅱ.①夏…②上… 　Ⅲ.①学校教育 – 风险分析 – 研究 　Ⅳ.①G4

　　中国版本图书馆 CIP 数据核字（2013）第 037302 号

策划编辑	刘金菊　姚云云	责任编辑	李黎阳	封面设计	王 雎	版式设计	范晓红
责任校对	李大鹏	责任印制	刘思涵				

出版发行	高等教育出版社	咨询电话	400 – 810 – 0598	
社　　址	北京市西城区德外大街 4 号	网　　址	http://www.hep.edu.cn	
邮政编码	100120		http://www.hep.com.cn	
印　　刷	煤炭工业出版社印刷厂	网上订购	http://www.landraco.com	
开　　本	787mm × 1092mm　1/16		http://www.landraco.com.cn	
印　　张	9.75	版　　次	2013 年 4 月第 1 版	
字　　数	180 千字	印　　次	2013 年 4 月第 1 次印刷	
购书热线	010 – 58581118	定　　价	23.80 元	

建立科学的教育评估理论
——《教育评估文库》总序

在人类发展的长河中,教育出现之际,教育的评估也就伴之而生。其评估不外乎由家庭、社会、政府或是由受教者、育人者、专家学者作为,或是对学生、教师、设施、课程等的微观性评估,或是对教育过程、教育内容、教育效果、教育策略等的宏观性评估。其范围之广与教育步步相应。就评估本身而言,又涉及评估标准、评估人员、评估方法、评估技术、评估结果、评估自身估计等诸多内容,并涉及了许多学科和技术。但评估不外乎是运用各种合理的手段对教育的各方面进行评价,以发现优良之举,找出不足之处,继而以公布排名、分级或评估分析报告的形式让公众知晓,以供选学之用;让教育方得知,以改进教学;让政府了解,以供决策之依据。

教育的重要性决定了人们对教育评估的关注度。目前,世界上许多国家都有专门的评估机构,国际上还成立了国际高等教育质量保障组织联盟(INQAAHE),亚太地区也成立了教育质量保障组织联盟(APQN),每年召开会议研讨教育评估的开展。

教育管理结构科学化决定了世界上大部分国家和地区教育管理和服务的"1+3"形式,即政府教育主管部门加上教育科学研究、教育评估和教育考核。我国许多省市自20世纪90年代中期开始就形成了这样的科学框架,并发挥了很好的作用。

教育本身的开放性和当今国际交流的发展要求每个国家和地区的教育要参与到相应的国际活动中去,并提出有水平的建议,共同提高教育水平。教育评估也是如此。

上海市教育评估院成立于2000年,前身是成立于1996年的上海市高等教育评估事务所。现在,上海市教育评估院已发展为拥有基础教育评估所、职成教评估所、高等教育评估所、医学教育评估所和综合教育事务评估所共五大评估所的从事各级各类教育评估的专门机构。为适应教育评估的发展与提升,上海市教育评估院除了参与评估、参与国内外交流外,还意在教育评估的理论和应用研究上建立更系统的内涵,于是决定出版《教育评估文库》。

《教育评估文库》是教育评估理论和应用研究成果的汇集,它包含了教育评估的基础内容,如《中国教育评估史》等一系列著作;也包括了涉及教育评估应用技术的汇编,如"教育评估标准"、"教育评估规程"等;还包括教育评估的专业理论,如"跨境教育认证"等;并涉及了评估本身评价的《教育评估的可靠性研究》等著作;当然也可包含对境外著作的翻译。总之,它涉及了教育评估的基础理论、专业基础、专业科学、应用技术等多个方面。我们的期望是一册又一册地出版,不断丰富文库。

《教育评估文库》将是众多学者的知识贡献,我们非常热忱地欢迎各方学人参与文库建设,共同托起教育评估的辉煌。

教育犹如奔腾不息之江,前浪不止,后浪又涌;教育又如连绵的山脉,一峰才登,又见高山。作为一名教育人,为此事业而奉献,无限欣慰;为此而建树,无限光荣。人们将永远感谢为教育而为的人,当然也包括为教育评估而为的人。以此为序,愿教育评估成功!

张伟江
2009 年 3 月

序

  风险评估、教育风险评估、社会风险、社会风险评估,这些对我们来说都不陌生。然而,把学校教育放到社会风险管理的视域来进行考察和分析,并进行相关理论探讨,尝试建立初步体系,则是一件具有挑战意义的事。读罢《学校教育社会风险评估概论》一书,本人整体印象有四:

  一、有现实意义,切合学校实际

  众所周知,学校教育是一种社会现象,而社会又充满各种风险。一方面,社会上各种相关因素可能给学校教育带来危险与损失;另一方面,学校教育本身的一些因素可能给社会带来危险与损失。那么如何才能使学校教育管理者及相关人员有效预测风险、防范风险,从而使学校教育健康发展呢? 如何才能使学校教育更好地发挥其育人功能与促进社会发展的作用,避免或减少给社会带来的风险呢? 从社会风险管理的视域予以考察分析,很有针对性和实用价值。

  二、结构合理,研究方法得当

  该书从理论层面探讨了学校教育社会风险评估研究的缘起、研究现状、研究的意义、研究方法和研究内容,学校教育社会风险的内涵、类型与特征,学校教育社会风险评估的本质内涵、指标体系,学校教育社会风险的评估方法、步骤及学校教育社会风险的监控与管理。最后单独一章对一些典型学校教育社会风险案例进行了分析探讨。

  三、思路清晰,观点辩证客观

  作者认为:学校教育面临着社会风险,同时学校教育(不良的学校教育与结果)也会给社会带来风险。学校教育面临的社会风险是指社会上的各种相关因素等给学校教育带来某种危险的可能性与损失程度。这一风险来自于学校教育外部和学校教育内部两方面,即学校外部因素导致的教育社会风险和学校内部因素导致的教育社会风险。围绕这一观点,作者比较系统地建构了学校教育社会风险评估理论。书中的一些观点为我们正确认识学校教育社会风险提供了理论依据。

  四、理论性强,指标体系科学

  该书在系统而全面研究的基础上,初步界定了20多个基本概念。如,学校教育社会风险、学校教育社会风险评估、学校教育社会风险评估指标体系、学校教育社会风险因素、学校教育社会风险后果，等等。从这些概念的界定中，不仅可以看出本书系统的理论体系，同时反映出该书作者认真严谨的学术态度。

总之，本人认为，我国亟待实施学校教育社会风险管理，即树立风险意识，根据社会风险管理理论来指导学校办学与管理。这既是我国教育改革与发展的战略之举，又为学校教育管理找到了新的、科学的切入点和突破口。可以说，《学校教育社会风险评估概论》一书丰富了同类研究，并在一定意义上填补了理论空白。我认为该书值得一读。

杨德广

2011 年 1 月

目　　录

第一章　绪论 ……………………………………………………………（ 1 ）

　　第一节　学校教育社会风险评估研究的意义 ……………………（ 1 ）

　　第二节　学校教育社会风险评估研究的现状 ……………………（ 3 ）

　　第三节　学校教育社会风险评估研究的内容 ……………………（ 12 ）

　　第四节　学校教育社会风险评估研究的方法 ……………………（ 14 ）

第二章　学校教育社会风险的理论探讨 …………………………（ 16 ）

　　第一节　学校教育社会风险的内涵 ………………………………（ 16 ）

　　第二节　学校教育社会风险的基本类型 …………………………（ 21 ）

　　第三节　学校教育社会风险的主要特征 …………………………（ 35 ）

第三章　学校教育社会风险评估的本质 …………………………（ 40 ）

　　第一节　学校教育社会风险评估的内涵 …………………………（ 40 ）

　　第二节　学校教育社会风险评估的意义 …………………………（ 47 ）

　　第三节　学校教育社会风险评估的原则 …………………………（ 51 ）

第四章　学校教育社会风险评估指标体系 ………………………（ 57 ）

　　第一节　学校教育社会风险评估指标要素 ………………………（ 57 ）

　　第二节　学校面临的教育社会风险评估指标 ……………………（ 65 ）

　　第三节　学校教育带给社会的风险评估指标 ……………………（ 72 ）

　　第四节　学校教育社会风险评估指标体系构成 …………………（ 76 ）

第五章　学校教育社会风险评估的实施 …………………………（ 85 ）

　　第一节　学校教育社会风险评估的主体 …………………………（ 85 ）

　　第二节　学校教育社会风险评估的方法和工具 …………………（ 93 ）

　　第三节　学校教育社会风险评估的实施 …………………………（105）

　　第四节　学校教育社会风险的管理 ………………………………（113）

第六章　案例评析 …………………………………………………（125）

　　第一节　公平配置教育资源，从学校教育起点防范风险 ………（125）

　　第二节　牢固树立风险意识，以保障学校教育全程"零风险" ………（128）

　　第三节　破解大学生就业难题，以防范教育结果中的潜在风险 ………（131）

　　第四节　加强学校科学教育，以加强公民科学素质 ……………（134）

参考文献 ……………………………………………………………（139）

后记 …………………………………………………………………（141）

第一章 绪 论

本章着重对学校教育社会风险评估研究的意义、现状、内容和方法进行了研究与描述。本章共分四节。第一节为学校教育社会风险评估研究的意义,从理论意义和现实意义两个角度对学校教育社会风险评估研究的意义进行勾勒;第二节为学校教育社会风险评估研究的现状,从国内、国外两个维度对学校教育社会风险评估研究现状进行梳理;第三节为学校教育社会风险评估研究的内容,对本书所研究的内容进行提纲挈领式的归纳与总结;第四节对文献法、比较法和案例法等学校教育社会风险评估研究的三种方法进行了界定。

第一节 学校教育社会风险评估研究的意义

近来,学校安全事件在全球频现,把学校教育社会风险评估及其研究推向前台。学校教育社会风险评估研究具有重要的理论和实践意义。从理论维度上看,该研究的意义在于通过建立学校教育社会风险评估理论分析框架和指标体系,以及生成学校教育社会风险评估工具、方法与手段,达到完善学校教育社会风险评估机制和理论体系的目的;从实践维度看,学校教育社会风险评估研究的意义是通过自身学术贡献为教育行政管理部门提供学校教育社会风险控制与管理的决策咨询,为学校管理者的学校教育社会风险管理实践提供有效指导,以及提高教育活动参与者及社会各界人士的风险防范意识等,最终建立预测、监控、防范和规避学校教育社会风险的预防和隔离机制。

一、理论意义

开展学校教育社会风险评估研究的理论意义,是指通过建立学校教育社会风险评估理论分析框架和指标体系,以及生成学校教育社会风险评估工具、手段与方法,达到完善学校教育社会风险评估机制和理论体系的目的。它具体包括以下几个方面。

(一)建立学校教育社会风险评估的理论分析框架。保险业是围绕风险而衍生出的服务行业。目前,保险界的风险管理和风险评估的理论体系已较为成熟。如它将风险管理的程序分为风险识别、风险评估、风险处理和风险评价四个环节。其中,风险评估过程包括风险评估的准备工作、风险评估的数理基础、损失程度的评估、损失频率的评估,风险评估方法包括德尔菲法、风险矩阵分析法、层次分析法、模糊综合评估法和风险价值法。① 然而,与保险业相比,学校教育社会风险评估理论研究尚处于起步阶段,其概念体系、理论基础、评估的程序和方法等仍未建立起来,因此还存在诸多理论空白和巨大的发展空间。开展学校教育社会风险评估研究,可借鉴保险业等领域的理论成果和工具方法,充分整合社会学、教育学、保险学、管理学、经济学和系统学等多学科智慧,建立学校教育社会风险评估的理论体系,以便为今后开展学校教育社会风险评估提供有效的分析框架。

(二)建立学校教育社会风险评估指标体系。作为实践性很强的风险控制与管理活动,学校教育社会风险评估需要有一整套完善的指标体系才能对各评估项目和观测点进行有效的测量与评估。开展学校教育社会风险评估研究,在丰富完善相关理论体系的同时,可以根据指标要素对学校教育社会风险评估进行细化和解构,从而有力推动学校教育社会风险评估指标体系的建立,并对风险因素、风险事件和风险后果进行有效评估。

(三)生成和完善学校教育社会风险评估的工具、方法与手段。作为实践性很强的一项活动,是否具备有效的方法、工具和手段是能否顺利开展学校教育社会风险评估的前提。而在开展学校教育社会风险评估研究的探索活动中,评估研究的方法论和管制成本利益分析法、表达偏好法、自然标准法及最低水准门槛法等一系列具体的评估方法将会被应用于学校教育社会风险评估实践,并在评估学校教育社会风险过程中不断丰富完善。

二、现实意义

开展学校教育社会风险评估研究的现实意义体现在:通过自身学术贡献为教育行政管理部门提供学校教育社会风险控制与管理的决策咨询,为学校管理者的学校教育社会风险管理实践提供有效指导,以及提高教育活动参与者及社会各界人士的风险防范意识等,最终建立预测、监控、防范和规避学校教育社会风险的预防和隔离机制。

(一)为教育行政管理部门提供学校教育社会风险控制与管理的决策咨询。一方面,当前随着教育事业的飞速发展和教育管理专业化水平的不断提高,教育行政管理部门对学校教育社会风险控制与管理的决策咨询成果的需求也日益迫切。另一方面,如果缺乏风险意识或有效的风险评估和防范机制,教育行政部门有关学校教育社会风险控制与管理制度的出台往往会给教育和社会带来潜在的风险。开展学校教育社会风险评估,有利于该领域研究成果的积累和发展,从而发挥"智库"和"思想库"的作用,为教育行政管理部门提供强有力的风险控制和管理的决策咨询服务。

---

① 王健康.风险管理原理与实务操作[M].北京:电子工业出版社,2008:25,63-85,94-98.

（二）为学校管理者的学校教育社会风险管理实践提供有效指导。学校管理者是一线的管理人员，对学校教育社会风险及其后果担负着巨大责任，因此对学校教育社会风险及其防范措施尤为关切。开展学校教育社会风险评估，可以给一线的学校管理者提供实践指导，从而使学校管理者在复杂环境下能有效控制学校教育所面临的各种内外部风险，保障学校教育事业的健康、稳定、有序发展。

（三）提高社会各界的教育活动参与者的学校教育社会风险防范意识。学校教育社会风险产生的重要原因之一，在于教育活动参与者缺乏足够的风险意识。如：当个人利益和集体利益、短期利益和长期利益发生矛盾冲突时，人们往往选择个人利益和短期利益而回避集体利益和长期利益，从而导致风险的积聚和爆发。因此，开展学校教育社会风险评估研究对提高教育活动参与者的风险防范意识无疑具有重要的现实意义。

第二节　学校教育社会风险评估研究的现状

目前，国内的学校教育社会风险评估主要停留在政策层面和临时性应急措施上，缺乏成熟稳定且具有可操作性的风险评估和预警体系，相关研究薄弱和缺位。从现有研究成果来看，国外学者主要从社会学的视角出发，对社会风险、风险社会和教育风险等进行了宏观和微观研究；就国内研究成果而言，主要集中于质量风险、投资风险、信贷与财务风险、就业风险、教育风险和行业风险等方面，此类研究成果与学校教育社会风险虽有关联，但总体来说，目前我国的学校教育社会风险评估研究尚缺乏研究的系统性和体系的严密性。

一、国外的研究

从现有文献来看，国外的研究成果主要集中于社会风险（social risk）、风险社会（risk society）和教育风险（education risk）三个方面。

（一）社会风险（social risk）研究

国外学者从社会角度入手对社会风险进行了大量研究，研究成果主要集中于风险评估和风险管理、关于儿童与青少年面临的风险，以及由农业、水利和火山等带来的风险和国家层面的宏观风险等。

在风险评估方面，Carlo C. Jaeger（1998）提出，在传统风险管理存在局限的背景下产生了新的风险综合评估方法，该评估方法主要有三个目标：建立体现预期目标与评估结果相互冲突的风险综合评估模型，建立体现社会系统非边缘性变化的风险综合评估模型及风险综合评估参与程序，使研究者能够与利益相关者进行反复交流。① Robert Holzmann 等人(2001)基于风险管理的视角,提出了一个全新的社会保护定义和概念框架。该概念框架对传统社会保护领域进行重新定位,包括三个阶段的风险处理,三种水平的风险管理程序及信息不对称和风险类型多样化背景下的诸多风险角色主体。这种扩大后的社会保护视野强调风险管理工具的双重角色:保护基本生计的同时促进冒险。此理论认为贫困群体最易受风险的冲击,并通常缺乏适当的风险管理工具,这在限制他们从事高风险活动的同时,也限制他们逐步走出慢性贫困。②

儿童和青少年的成长一直是社会学家关注的重点,它包括儿童健康状况、早期问题行为及青少年酗酒导致的风险。Gregory D. Stevens(2006)的研究表明,健康状况较差的儿童和发展高风险存在正相关关系。因为具有较高风险情况的儿童也更可能得不到照顾,这意味着最需要照顾的儿童要想得到照顾都面临巨大的困难。研究者提出,为解决弱势儿童的健康差距问题,需要明确关注那些多重叠加的风险因素。③ David Schwartz(1999)等人的研究为一项预期调查,预测儿童同龄群体早期行为问题(内向、外向、多动症、未成熟期依赖性)与其后成为风险受害者之间的联系。结果表明,早期行为问题在决定同龄群体儿童成为风险受害者中扮演着重要角色。④ 此外,在青少年发展问题上,Amanda L. Botticello(2009)调查研究了校园环境与青少年酗酒的关系。该研究数据来自首批前两次美国青少年健康的研究成果(样本为来自 128 所学校的10 574 名青少年)。研究结果表明,不同学校的青少年其酗酒风险差异显著。其中,在社会经济发达社区的学校,其青少年酗酒程度较不发达地区更为严重。除此之外,在校学生总体的高醉酒比例也会增加青少年个体酗酒的风险。⑤ 它表明,青少年学生酗酒风险同学校所在地区的经济发展水平及学生醉酒比例存在显著正相关关系。

风险的来源是多种多样的,它是人为风险与自然风险的综合体,其中前者受到的关注越来越多。D. A. Ivashintsov,D. V. Stefanishin 和 A. B. Veksler(1995)的研究指出,当分析社会人口风险时,必须对与建设和运行水利设施有关的某些灾难加以

① Carlo C. Jaeger. Risk management and integrated assessment. Environmental Modeling and Assessment, 1998,(3):211 - 225.

② Robert Holzmann,Steen Jorgensen. Social Risk Management:A New Conceptual Framework for Social Protection,and Beyond. International Tax and Public Finance,2001:8,529 - 556.

③ Gregory D. Stevens,PhD,MHS. Gradients in the Health Status and Developmental Risks of Young Children: The Combined Influences of Multiple Social Risk Factors. Maternal and Child Health Journal,2006,10(2):187 - 199.

④ David Schwartz,Steven McFadyen - Ketchum,Kenneth A. Dodge,Gregory S. Pettit,John E. Bates. Early Behavior Problems as a Predictor of Later Peer Group Victimization:Moderators and Mediators in the Pathways of Social Risk. Journal of Abnormal Child Psychology,1999,27(3):191 - 201.

⑤ Amanda L. Botticello. School Contextual Influences on the Risk for Adolescent AlcoholMisuse. Am J Community Psychol,2009,(43):85 - 97.

考察,因为水利设施给人口和环境带来的各种非预期结果会导致社会人口风险分析出现错误,最终导致社会紧张度的增加。[①]

除水利外,农业生产所带来的生态危机和社会风险同样不容忽视。Stewart Lockie(1998)以澳大利亚农业为例,指出在环境和社会外部影响因素当中,农业生产设施给附近居民的健康、安全及农产品的终端消费者都带来了大量风险。出于对这些潜在风险以及环境可持续性问题普遍化的反应,地方当局实施了各种项目,综合治理由农业生产和农产品带来的社会和环境风险。[②]人为风险之外则是自然风险,火山隐患便是其中之一。C. Pesaresi, M. Marta, C. Palagiano 和 R. Scandone (2008)在研究中指出,维苏威地区有大量过去火山喷发及火山行为的资料,该区域居民密度高和人口发展态势特殊,使火山爆发具有高风险性。鉴于此,作者提出了"社会风险"地图概念,对于政府规划维苏威地区火山爆发时的人员疏散大有裨益。[③]

除微观研究外,还有学者从国家宏观层面对社会风险进行研究。Liliana Guranl 和 David Turnock(2000)的研究指出,社会风险无处不在,经济转型的东欧即面临诸多风险,特别是南欧由于大城市失业率增加,人民生活水平普遍下降,加剧了社会局势的紧张。该研究报告指出,失业问题与劳动力市场动荡存在某种密切联系,而离婚率和犯罪率则互不相关。一些国家即使存在高失业现象,但局势稳定;而另一些国家虽然处于低失业状态,社会风险程度却很高。[④] 这说明,社会风险的诱致性因素来源广泛且作用方式复杂。

(二)风险社会(risk society)研究

1986 年,德国著名社会学家乌尔里希·贝克(Ulrich Beck)出版《风险社会》一书,首次使用"风险社会"概念来描述当今充满风险的后工业社会,并提出了风险社会理论。[⑤]《风险社会》一书的核心内容是探讨工业社会的"反思性现代化"。乌尔里希·贝克的风险社会理论主要包括以下几个方面的内容:首先,在财富分配和风险分配的关系上,古典工业社会财富分配的逻辑统治着风险分配的逻辑;而在现代风险社会,这种关系则恰好相反。其次,现代社会风险已经超越生产、再生产和国界,成为带有一种新型的社会和政治动力的非阶级化的全球性风险。再次,在

① D. A. Ivashintsov, D. V. Stefanishin, A. B. Veksler. Safty of hydraulic structures: Some results of calculating the social risk related to the transformation of the rive channel in the lower pool of a hydro development. Hydrotechnical Construction, 1995, 29(5): 267 – 272.

② Stewart Lockie. Environmental and social risks, and the construction of "best – practice" in Australian agriculture. Agriculture and Human Values, 1998, 15: 243 – 252.

③ C. Pesaresi, M. Marta, C. Palagiano, R. Scandone. The evaluation of "social risk" due to volcanic eruptions of Vesuvius. Nat Hazards, 2008, 47: 229 – 243.

④ Liliana Guran1, David Turnock. A preliminary assessment of social risk in Romania. GeoJournal, 2000, 50: 139 – 150.

⑤ 陈萌萌. 风险社会背景下政府治理的路径选择[D]. 中国海洋大学硕士学位论文, 2007: 1.

社会风险中,文化和政治因素只是风险社会的一个方面。风险社会的另一方面就是:工业社会导致群体社会扩张,阶级所依赖的社会阶级文化和传统的有效性正在不断沦丧。最后,工业社会生活的标准化、科学的制度化及现代社会生产力的急速增长都是对传统社会的解构,于是风险问题日益严重。[①]

乌尔里希·贝克的开创性成果是风险社会研究的里程碑。此外,Horlick - Jones 和 Tom(1995)以伦敦、纽约和洛杉矶等大城市为例,探讨了自然和社会方面对风险趋势产生的影响,以及这些城市遭遇风险时的脆弱性。他们对后现代社会自然风险与社会风险的相互联系进行了考察,并提出相应的防范对策。[②] Antonio Maturo(2003)提出通过机构治理来应对日益增长的风险社会的复杂性的观点。[③]

(三)教育风险(education risk)研究

如前所述,教育并非处于真空之中,它与周围世界存在广泛而复杂的物质、人员、知识、文化及制度的双向互动关系。教育与社会各系统互惠互利的同时,也存在风险的传输与扩散,教育风险随之产生。

Osmo Kivinen 和 Sakari Ahola(1999)研究指出,人力资本和信息社会的理论框架都建立在不断进步的市场与经济观念基础上。欧洲许多国家的教育政策基于这样的假设:颁发更多、更高层次的教育证书就是生产更多的人力资本。信息社会理论表明,自从人们生活和工作于一个知识生产更为密集的信息化社会,人力资本在服务于社会、公司和个人的同时,就可以直接促进经济的增长。Osmo Kivinen 和 Sakari Ahola 集中分析人力资本再生产理论、当前劳动力市场的主流观点和毕业生面临的就业风险现实之间的差距,探讨了不断变化的劳动力市场情况描述了一个各种各样社会机制影响就业的扩展模型。特别是在北欧国家,信息社会同样就意味着信息国家,而这些国家仍然牢牢控制着高等教育和劳动力市场,却对流行的市场理论置若罔闻。[④] 可见,人力资本、信息社会及就业之间存在相互促进的同时,也隐藏着巨大的风险关系。

Duvon G. Winborne 和 Patricia Dardaine - Ragguet(1993)从微观的角度探讨了学业风险问题。他们通过对 116 名校长调研后发现,提高处于风险敞口之下的学生受教育成效有五个关键性领域:学术转型、有效的干预措施、以内容为导向的项目、具有选择性的结构和社会需求项目。这些校长反馈后汇集成的一个共同信念就是:降低学业风险,应对情感资源给予更多的关注,包括辅导人员、过渡方案和灵

---

① [德]乌尔里希·贝克.风险社会[M].何博闻译.南京:译林出版社,2004.

② Horlick - Jones,Tom. Urban Disasters and Megacities in a Risk Society. GeoJournal,1995,323;329 - 334.

③ Antonio Maturo. Network Governance as a Response to Risk Society Dilemmas;A Proposal from the Sociology of Health. Topoi,2004,23;195 - 202.

④ Osmo Kivinen,Sakari Ahola. Higher education as human risk capital Reflections on changing labour markets. Higher Education,1999,38;191 - 208.

6

活的课堂结构。①

Sandra Cluett Redden(2001)研究了转型期教育与儿童智力和非智力发育的关系。跟踪研究了两组 6 162 名来自 30 个不同地区三年级以上的儿童。研究过程中,幼儿园到小学三年级的约一半儿童得到帮助,帮助内容包括学校的变换、课程的调适、家长的参与活动、健康检查及家庭社会服务,所有这些都与学前教育相似。研究时,他们将一组年龄相当但未接受过此类帮助的儿童作为参考。发现在三年级时,仅有 0.89% 得到转型期帮助的儿童被确立为智力发育迟缓类型,而对照组的比例则高达 1.26%。在情绪困扰的类别中,相应的数据则为 1.21% 和 1.65%。但在表达和语言组里出现了相反的情况。② 这说明,转型期教育对促进儿童智力发育和情绪发展等具有积极作用,但对语言表达则可能起相反的作用。这些都应该引起教育者的高度关注,否则可能给儿童的成长带来风险。

Mordecai Arieli(1999)以以色列为例,研究了寄宿制学校在招生政策方面的差异所带来的风险。以色列的寄宿制学校经常为来自全国各地在社会经济方面处于不利阶层的优秀青年提供优惠服务,其中很多学校面临这样的困难境地:是否要到邻近相对富裕的社区去招收走读学生。研究者对 3 所寄宿制学校的走读学生的招收政策倾向进行了对比研究。这三种倾向包括:(1) 体制调整,或努力与周边社会的要求和期望相符合并寻求其支持;(2) 继续专注于原始目标,即使这会使寄宿制学校与其社会环境之间产生隔阂,失去社区参与项目的潜在好处;(3) 放松组织机构,当学校努力实现代表弱势群体利益的传统目标的同时,制定目标去满足中产阶级走读学生的学术期望。它意味着 3 所寄宿制学校招收走读学生的每一种倾向都涉及风险。③

Michael R. Greenberg(1998)的研究视角则非常新颖,重点探讨了学业成就对与健康相关的行为的影响。调查的内容为,9 000 名 18 岁至 34 岁美国公民的吸烟、酗酒、座位安全带使用、肥胖、高血压和体育活动所带来的行为风险差异。通过控制性别、种族(族裔)、年龄发现,学业成就与吸烟、座位安全带使用及高血压、肥胖症存在强相关。④ 与此研究相类似的还有 Michael Gard 和 Jan Wright(2001)的研究,它探讨的是公众关注体型和体重背景下的体育教育研究者的角色。研究使用乌尔希里·贝克的风险概念,可以检验儿童与肥胖症、体育锻炼和健康的确定性

① Duvon G. Winborne, Patricia Dardaine – Ragguet. Affective Education for "At – Risk" Students: The View of Urban Principals. The Urban Review, 1993, 25(2): 139 – 150.

② Sandra Cluett Redden, Steven R. Forness, Sharon L. Ramey, Craig T. Ramey, Carl M. Brezausek, Kenneth A. Children at Risk: Effects of a Four – Year Head Start Transition Program on Special Education Identification. Journal of Child and Family Studies, 2001, 10(2): 255 – 270.

③ Mordecai Arieli. Opportunities and Risks in Residential Education: The Admission of Day Students to Residential Schools in Israel. Child & Youth Care Forum, 1999, 28(4): 275 – 290.

④ Michael R. Greenberg. Behavioral Risk and Education: A United States Case Study. The Environmentalist, 1988, 8: 27 – 30.

是怎么产生的。研究结果指出,在体育教育中毫无忌讳地谈论肥胖话题将导致学生对身体产生焦虑情绪,它对学生本身以及实施体育教育是有害的。[①]

西方国家当中,美国是把教育发展的质量和水平提升到战略高度的典型国家。1983年,美国高等教育质量委员会颁布《国家处于危险之中,教育改革势在必行》的研究报告,推动美国进行新一轮教育改革。相似的报告还有《转型美国教育,减少它带给国家的风险》,该报告指出,当时的美国国家教育系统已不能够有效地为所有的学生服务,导致美国处于风险之中。[②]

综上所述,社会风险、风险社会及教育风险等与学校教育社会风险评估有关的研究领域已受到国外研究者的高度重视。然而,对学校教育社会风险及其评估进行直接研究的成果尚未发现,表明该领域尚有巨大的研究空间。

二、国内的研究

当前,我国学校教育社会风险评估研究的成果尚少,相关研究成果主要集中在社会学界的社会风险研究和教育学界的教育风险研究上。

首先,在社会风险研究方面,社会学界较为关注社会风险问题,并已形成一定数量具有较高学术价值和现实意义的研究成果。在国内社会风险评估方面,宋林飞、邓伟志等学者的研究成果具有代表性,他们的研究成果对中国社会风险的内涵、指标体系及评估维度进行了详细分析,具有全面、系统和可操作性强等特点。如宋林飞从广义和狭义两个维度,建立了社会风险预警系统及综合指标体系(SRSS),并对社会风险预警警级进行评估;[③]邓伟志从狭义的角度出发,提出社会风险预警指标体系(SSRSS),并对社会风险警级进行加权综合评估。[④] 在宏观的社会风险评估之外,还有中观和微观的社会风险评估,失业风险评估即属此例。2002年,劳动和社会保障部劳动科学研究所课题组对就业风险的安全等级进行了科学划分并设计出具体的衡量指标。[⑤] 总体而言,我国社会学领域的风险研究的理论体系和工具方法已较为成熟,对研究学校教育社会风险评估具有重要的借鉴价值。

其次,在教育风险方面,由于它与教育行业主体的切身利益紧密相关,因此已经受到实践者和研究者的关注。我国现有教育风险相关研究成果,主要包括教育质量风险、教育投资风险、教育信贷与财务风险、就业风险、教育风险和教育行业风

---

① Michael Gard,Jan Wright. Managing Uncertainty:Obesity Discourses and Physical Education in a Risk Society. Studies in Philosophy and Education,2001,20:535 – 549.

② The National Task Force on Educational Technology. Transforming American Education:Reducing the Risk to the Nation. Tech Trends,1986:12 – 28.

③ 宋林飞.中国社会风险预警系统的设计与运行[J].东南大学学报(社会科学版),1999,(1):69 – 76.

④ 邓伟志.关于社会风险预警机制问题的思考[J].社会科学,2003,(7):65 – 71.

⑤ 劳动和社会保障部劳动科学研究所课题组.我国失业预警系统与就业对策研究[J].经济研究参考,2002,(34):11 – 26.

险等方面。

（一）教育质量风险研究

教育质量的优劣直接关系到教育者和受教育者之间能否建立长期的信任合作关系，也直接关系到教育事业的发展命运。因此，教育质量问题是教育领域永恒的课题。由于高等教育与劳动力市场存在直接对接的关系，高等教育的质量问题尤为世人关注。

董华容等（2007）曾发表文章并指出，研究高等教育质量风险的成因及其管理对策对于预测、识别、评估和防范质量风险，认识高等教育质量的本质特性，积极探索高等教育质量保证的新思路有着极为重要的意义。该文强调了高等教育质量风险研究的迫切性，对质量风险类型进行界定并提出若干防范风险的对策和建议。[①] 但董文对风险的界定不够明确，提出的风险防范措施较为宽泛，属于教育质量风险研究领域的探索性成果。

近年我国高等教育规模的急速扩张，使高等教育实现了从精英教育到大众教育的重大转变。与此同时，它打破了高等教育质量与支撑原有高等教育质量水平的各种软件、硬件要素之间的均衡，高等教育质量风险随之更为彰显。徐莺（2009）认为，高等教育质量由个体目标、家庭目标、社会目标、课程目标、办学主体目标、国家目标之间的相互关系决定，这六种目标的应然状态与实际情况不匹配，就会产生高等教育质量风险，而高等教育大扩招则增加了高等教育质量风险的变数。[②]

詹春燕（2008）则对教育质量风险进行了系统深入的研究。詹春燕按照英国高等教育拨款委员会的提法，将高等教育质量风险管理的主要内容分为教育质量风险的识别（identifying risks）、教育质量风险的探究（exploring the risks）、教育质量风险的评估（assessing the risks）、教育质量风险预警机制的设立（early warning indicators and mechanisms）等几个部分。其中，教育质量风险的识别包括教育质量风险信息的收集、分类和优先排序；教育质量风险的探究主要包括具体风险范围的界定、影响因素及现有风险控制策略的分析；教育质量风险评估通过对两大参数——风险产生的影响、风险发生可能性的评估来确定风险敞口的大小或风险暴露的水平；教育质量风险预警机制设立的目的是在风险发生之前或风险恶化之前进行预测。詹春燕还从绩效指标、我国高等教育质量主要风险、风险来源或成因及风险等级等四个维度刻画出我国高等教育质量风险的分析框架，在此基础上，提出建立高等教育质量风险管理与内部质量保障体系结合的嵌入模式。[③] 从规范性和研究深

① 董华容,余亚华.高等教育质量风险研究——高等教育发展的迫切需要[J].中国电力教育,2007,(9):8-9.

② 徐莺.目标论视角下的我国高等教育质量风险[J].现代教育管理,2009,(5):1-4.

③ 詹春燕.质量风险管理:中国高等教育何以应对[J].华南师范大学学报(社会科学版),2008,(2):101-105.

度来看,詹春燕的研究成果在教育质量风险研究领域具有代表性。

（二）教育投资风险研究

教育事业的发展离不开外界知识、人才和经费的支持,其中经费在其中居于重要地位。教育投资一旦达不到预期收益,就容易产生教育投资风险。基础教育服务一般都属于公共产品,而高等教育服务则是准公共产品,它的投资属性决定了其背后隐藏着投资风险。因此,当前关于教育投资风险的研究主要集中于高等教育领域。赖德胜(2009)指出,高等教育投资具有较高风险,它包括依附性风险、选择性风险、失业性风险和流动性风险等。防范高等教育投资风险的措施和途径主要是要优化高等教育规模、改革高等教育管理体制、完善劳动力市场、促进大学毕业生就业以及树立高等教育投资风险意识。① 这是从国家宏观层面提出的风险控制措施,对国家政策咨询具有一定的价值。

与公立高等教育相比,民办高等教育在投资、权益、招生、就业和经费等方面的不利处境决定了其面对更大的风险敞口。张剑波(2007)认为,民办高等教育的投资风险包括政策风险、市场风险、财务风险和教育质量风险。因此,防范和规避民办高等教育投资风险,应构建完备的民办高教法律规范体系、强化对民办高等教育投资的宏观管理、实行对民办高校的资助政策和加强民办教育执法工作等。② 马宁、王凤芝(2007)的研究成果与学校教育社会风险评估最为接近,分析了高等教育投资风险预警评价的基本内容,进而从财务风险预警(偿还能力)、运营风险预警(绩效水平)、发展风险预警(发展潜力)三个维度,采用目标分解法、统计分析法、重要指标法等设计方法建立了高等教育投资风险预警管理评价的指标体系。此外,还对高等教育投资风险预警管理评价指标的弹性进行了分析,最后确定了高等教育投资风险预警评价的等级(包括确定预警界限临界点的方法和预警等级及评价报警信号系统)。③ 以上关于高等教育投资风险的研究主要从宏观的视野出发,但马宁、王凤芝的研究在理论框架和技术方法等方面都取得了不小的成就,对后续相关研究具有不可忽视的借鉴价值。

（三）教育信贷与财务风险研究

最近十年,随着高等教育规模的急速扩张,高校原有的收支均衡状况被打破,其资金面陷入全面的紧张状态。在政府的政策推动下,银行与高校开展紧密合作,高校借贷浪潮汹涌。伴随高校巨额信贷的产生,财务风险凸现,关于教育信贷与财务风险问题的研究渐多。来卓、查道林(2009)从国际比较的视角出发,认为产生于美国的次级抵押贷款与我国的高校贷款有许多相同之处,由次级抵押贷款所引

---

① 赖德胜.高等教育投资的风险与防范[J].北京师范大学学报(社会科学版),2009,(2):86-91.
② 张剑波.民办高等教育投资风险及其规避[J].高等工程教育研究,2007,(2):82-86.
③ 马宁,王凤芝.高等教育投资风险预警管理评价方法研究[J].河北经贸大学学报,2007,(1):80-83.

发的次级信贷危机对于防范我国高校贷款的金融风险有很大的启示和借鉴作用。①

另外,王晓(2009)从风险控制的视角,提出控制管理高校信贷风险的若干措施,包括建立高校的偿债准备金制度、有效的风险防范机制,以及继续拓宽高校经费筹措渠道、分散贷款风险。② 姜传松(2005)认为,产权虚置导致的收益与责任不对称是公立高校巨额信贷风险产生的根源,要有效化解信贷风险,必须明晰产权,使高校领导者和管理者的责任和权利相对称。③

除对风险实体高校进行研究外,还有学者从宏观的视角研究高等教育领域的信贷风险。杨德勇、丁力(2004)从中国高等教育现状及高等教育体制改革入手,通过对高等教育的经济行为分析,初步揭示了我国高等教育信贷风险的特征,并对高等教育信贷营销与经管管理策略进行了初步探索。④ 另外,还有学者从区域视角研究了高等教育风险。⑤

(四)就业风险研究

高等教育大扩张所带来的连锁反应,还传导到教育环节的终端,即就业上,导致劳动力市场的供求矛盾加大,就业风险随之产生。总体而言,当前学术界研究就业风险的成果不多,主要集中于宏观分析的角度。董志、李颖(2008)认为,影响就业风险的因素包括信息不对称、逆向选择和道德风险等,其中信息不对称是导致就业市场沟通渠道缺乏的重要因素。鉴于此,必须进行制度创新,在信息不对称条件下对大学毕业生就业风险进行防范,包括建立教育中介组织和建设信用信息体系。⑥ 此外,彭晓艳(2009)从风险社会理论出发,对我国社会转型期的就业风险进行分析,提出了解决我国当前就业风险的思路。⑦ 可见,就业风险已引起学术界的关注,但目前就业风险评估方面的研究成果仍不多。

(五)教育风险研究

除了具体的风险划分及其研究外,还有学者将教育领域存在的风险统称教育风险,并进行理论探讨。如王砚(2008)认为,如果教育理念、教育方式不当就会产生风险与危机。若学生学业失败,就会给学生及其家长带来损失,以及使他们的希望破灭,导致社会不稳定因素的增加。因此,教育机构、教育主管部门及全社会都

---

① 来卓,查道林.从次级信贷危机看我国高校贷款的金融风险[J].黑龙江高教研究,2009,(1):65-67.

② 王晓.高校信贷资金财务风险控制管理[J].时代金融,2009,(3):106.

③ 姜传松.公立高校巨额信贷的风险与对策——产权的视角[J].煤炭高等教育,2005,(6):28-30.

④ 杨德勇,丁力.高等教育信贷风险的差异性与经营管理策略[J].湖北农村金融研究,2004,(9):9-14.

⑤ 汪流明.河南省高等教育存在的潜在财务风险及对策[J].河南财政税务高等专科学校学报,2006,(4):37-39.

⑥ 董志,李颖.从信息不对称和就业风险角度分析大学生就业问题[J].山西财经大学学报(高等教育版),2008,(4):62-65.

⑦ 彭晓艳.我国当前的就业风险及其治理——基于风险社会理论的分析[J].企业家天地,2009:251-254.

应该为学生创造良好的学习环境,保障其学业成功,以防范和化解教育风险。[①] 另外,庄严、马书琴(2006)将高等教育风险分为系统性风险和非系统性风险两大类,其中前者包含教育制度风险、应试教育风险、教育公平风险等,后者包含教育选择的非理性风险、结构性失业风险等。大学教育如何帮助学生化解风险成为当务之急。[②]

（六）教育行业风险研究

与教育风险的划分类似,还有学者将发生于教育领域的风险称为教育行业风险。敖四海(2007)研究了教育行业风险管理体系发展的背景,提出建立教育行业风险管理体系及其运作模式,并完善教育行业风险管理服务体系。[③] 另外,石昌平从高校财务的视角出发,提出教育行业的三大经济风险:财务支出结构不合理导致的失衡风险、学校规模扩建带来的债务风险和校办产业的连带责任风险。根据上述三种风险,石昌平设置了财务收支结构风险指数、建设债务风险指数和连带责任风险指数三个指标,分别对教育行业经济风险进行评价。[④] 石昌平的研究成果在教育风险评估领域是具有代表性、最成熟的成果之一,具有科学性、规范性和可操作性强等特点,对学校教育社会风险评估具有重要借鉴价值。

总而言之,学校教育社会风险问题已引起学术界的较大关注,且积累了一定数量的学校教育社会风险评估前期研究成果,部分学者(如马宁、王凤芝及石昌平)的研究成果在理论体系和研究方法等方面还达到了较高的高度,对学校教育社会风险评估研究具有重要借鉴价值。

第三节　学校教育社会风险评估研究的内容

学校教育社会风险评估主要以其框架体系与内涵为研究内容。除绪论部分内容外,本书共有六章、四大方面的内容。其中第一部分为学校教育社会风险理论探讨(第二章),第二部分为学校教育社会风险评估本质及指标体系(第三、四章),第三部分为学校教育社会风险评估的实施(第五章),第四部分为学校教育社会风险案例评析(第六章)。上述四个部分内容紧密相连,学校教育社会风险理论探讨,为学校教育社会风险评估本质的确定及指标体系的构建奠定了基础;而学校教育社会风险评估本质的确定及指标体系的构建,又为学校教育社会风险评估的实施提供了理论指导;第四部分的学校教育社会风险案例评析,则是一些实例的具体解析。各个部分环环相扣,构成了完整的学校教育社会风险评估研究图景。

---

① 王砚.教育风险:教育边缘化现象及其应对[J].湖北广播电视大学学报,2008,(11):54-55.
② 庄严,马书琴.正确认识教育风险与风险教育[N].光明日报,2006-06-17.
③ 敖四海.论教育行业风险管理体系建设[J].理论导报,2007,(10):36.
④ 石昌平.教育行业经济风险评价方法[J].中国统计,2010:53-55.

一、学校教育社会风险类型与特征

作为风险的一种,学校教育社会风险是学校与社会交互作用的产物,具有特定的类型与特征,它在酝酿、演化及爆发的过程中不同于其他风险。

关于学校教育社会风险的内涵,本书在综述相关研究所涉及的风险、风险社会与社会风险等基本概念的基础上,对学校教育社会风险及其相关的教育社会风险、教育社会风险评估等概念进行了界定,并指出学校教育社会风险与其他风险的区别与联系。在类型上,学校教育社会风险包括来自学校教育外部的风险和来自学校教育内部的风险两种。其中,前者源自社会教育观念偏差、教育管理体制缺陷和教育法规政策建设薄弱等学校外部因素,后者则源于学校管理行为失序、学校教育者教育方法失当、学校办学条件缺乏等学校内部因素。在整个风险事件演变过程中,学校教育社会风险主要呈现客观性、长期性、复杂性、易变性、发展性和传递性等特征。

二、学校教育社会风险评估指标体系

廓清学校教育社会风险评估的本质,是开展学校教育社会风险评估工作的前提。学校教育社会风险评估指标体系,则为学校教育社会风险评估的科学性和可行性奠定了基础。

学校教育社会风险评估本质由学校教育社会风险评估内涵、评估意义和评估原则有机结合而成。首先,本书按照递进关系,依次界定风险评估、教育风险评估和学校教育社会风险评估的概念与内涵;其次,本书从评估学校面临的教育社会风险和学校教育带给社会的风险两个角度,探讨了学校教育社会风险评估的意义;最后,本书介绍了学校教育社会风险评估工作实施、评估风险内容和评估方法选择三个方面应遵循的基本原则。

学校教育社会风险评估指标体系由指标要素和具体指标构成,前者包括学校教育社会风险评估的基本内容要素、基本指标要素和等级标准要素,而后者的内涵更为丰富。学校教育社会风险评估指标包括学校面临的学校教育社会风险评估指标和学校教育带给社会的风险评估指标两大基本类型,前者包括来自学校外部的学校教育社会风险评估指标和来自学校内部的学校教育社会风险评估指标,后者包括学校教育对社会公民素质风险评估指标和学校教育对社会发展评估指标。在各项指标中,又分别包含学校教育社会风险评估的风险因素指标、风险事件指标和风险后果指标。

三、学校教育社会风险评估的实施与管理

把学校教育社会风险评估的原则和指标体系贯彻到实践,并用来指导实践,属于学校教育社会风险评估实施与管理的范畴。

学校教育社会风险评估主体由教育行政部门、教育中介组织和学校三方组成，不同的评估主体，其职责各不相同。教育行政部门的评估职责在于宏观监督与整体调控，教育中介组织的评估职责为认定事实与持续改进，而学校的评估职责则为自我完善与调整管理。学校教育社会风险评估的条件包括评估方法和评估工具。学校教育社会风险评估的实施，具有特定的法律依据、管理学依据和技术依据，并必须遵循特定的流程和步骤。我国学校教育社会风险的监控与管理尚处于起步阶段，虽已出台诸多风险管理的法律法规，但尚未形成科学有效的学校教育社会风险管理机制。

四、学校教育社会风险案例分析

学校教育社会风险案例分析，是通过解剖现实中发生的鲜活案例，直观地说明学校教育社会风险的存在，从而论述加强学校教育社会风险评估与风险防范的重要性。

第四节　学校教育社会风险评估研究的方法

研究方法是研究者把握研究对象的性质、关系和规律的中介和桥梁，是科学研究中不可或缺的组成部分。学校教育社会风险评估研究方法不同于学校教育社会风险评估的方法，前者主要通过从事实层面抽象出学校教育社会风险评估的机制与原理并以此指导学校教育社会风险评估实践方法，后者主要用来解释学校教育社会风险实际问题，具有很强的现实指向性。从研究对象的属性出发，学校教育社会风险评估研究的方法主要有文献法、比较法和案例法等。

文献法"是对文献进行查阅、分析、整理并试图探寻事物本质属性的一种研究方法"。① 社会科学研究离不开相关文献的支撑，学校教育社会风险评估同样如此。从来源上看，本书学校教育社会风险所使用的文献主要来源于相关期刊所载的学校教育社会风险评估方面的研究成果。从类型上看，本书学校教育社会风险评估既有教育风险方面的研究成果，也有社会风险方面的研究成果；既有本国文献，也有外国文献。

比较法是对具有同质性和可比性的事物进行对比研究，从而发现两者之间的异同点和关系规律的一种研究方法。比较研究一般分为纵向比较和横向比较两种，纵向比较属于历史研究，横向比较则为跨区域研究。由于学校教育社会风险评估是一个新兴的领域，文献资料的缺乏导致纵向比较较为困难，因此本书学校教育社会风险评估主要运用横向比较法，对中外学校教育社会风险评估的方法和研究成果进行对比研究，以便吸取经验教训，为我国学校教育社会风险评估及其研究的

---

① 李立峰.中国高校招生考试中的区域公平研究[M].武汉:华中师范大学出版社,2007:161.

开展与完善提供参照借鉴。

案例法又称案例研究法,案例研究是社会科学中的重要研究方法,它综合运用多种收集数据和资料的技术与手段,通过对特定社会单元(个人、团体组织、社区等)中发生的重要事件或行为的背景、过程的深入挖掘和细致描述,呈现事物的真实面貌和丰富背景,从而在此基础上进行分析、解释、判断、评价或预测。因此,案例研究法"是从具体经验事实走向一般理论的一种研究工具"。[①] 在类型上,案例研究包括探索性案例研究、描述性案例研究和解释性案例研究三种。其中探索性案例研究是在未确定研究问题和研究假设之前,凭借研究者的直觉线索到现场了解情况、收集资料并形成案例,然后再根据这样的案例来确定研究问题和理论假设;描述性案例研究是通过对一个人物、团体组织、社区的生命历程、焦点事件及过程进行深度描述,以坚实的经验事实为支撑,形成主要的理论观点或检验理论假设;解释性案例研究旨在通过特定的案例,对事物背后的因果关系进行分析和解释。[②] 案例研究法最早出现于法学领域,其后不断扩展至其他研究领域。近年来,案例研究也被不断应用于评估研究领域。本书学校教育社会风险评估通过案例评析,可以为学校教育风险评估理论的完善起到重要的支撑作用。

①　王金红.案例研究法及其相关学术规范[J].同济大学学报(社会科学版),2007,(3):87-95.
②　王金红.案例研究法及其相关学术规范[J].同济大学学报(社会科学版),2007,(3):87-95.

第二章 学校教育社会风险的理论探讨

本章集中论述学校教育社会风险的基本概念与观点,本章由三小节组成。第一节学校教育社会风险的内涵,将重点分析并阐释风险的几个基本概念,并尝试厘清教育社会风险与其他风险的区别与联系。第二节学校教育社会风险的基本类型,将从内外两个角度,描述学校教育社会风险的主要表现。其中,"内"指来自学校教育内部的风险,"外"指来自学校教育外部的风险。第三节学校教育社会风险的主要特征,将对学校教育社会风险的客观性、长期性、复杂性、易变性、发展性和传递性等特征作初步分析,并根据这些特征,简要说明如何防范学校教育社会风险。

第一节 学校教育社会风险的内涵

提到"风险",人们会习惯性地联想到生态风险、经济风险、金融风险、科技风险、医疗风险、政治风险和军事风险等,或是更多地会联想到天灾人祸带来的自然风险等。随着当代研究对风险解读视野的扩展,人们逐渐意识到,在现代社会风险的发生事实上涉及更广阔的层面,如社会文化层面,其中包括教育领域等。人们不再怀疑,伴随着经济增长和教育的快速发展,风险将如影相随,成为一种客观存在和客观必然,于是,人们开始警觉、关注、思考,并开始深入研究学校教育社会风险问题。

本节分三个步骤展开论述。首先,在分析与风险相关的主要观点和概念的基础上,给出本研究的结论;随后,尝试探讨学校教育社会风险的基本内涵;最后,厘清学校教育社会风险与其他风险的主要区别。

一、相关研究中的基本概念综述

(一)风险

风险(risk)一词,有人认为源自一种古老的传说:在远古时期,以捕捞为生的渔民们每次出海前都要祈祷,祈求神灵保佑自己在出海时风平浪静,保佑自己能够平安回来且满载而归。渔民们在长期的捕捞实践中,深深体会到风给他们带来的无法预测,甚至难以规避的危险。他们认识到,在出海捕捞打鱼的生活中,有风即意味着风险的存在,久而久之,便就有了风险一词。也有学者从词源学的角度来求证风险一词。他们认为,风险一词源于阿拉伯语,也有学者认为源于西班牙语或拉丁语,还有的学者认为来源于意大利语的"risque"一词。究竟哪家说法更具权威性,并无定论。

由于对风险的理解和认识程度不同,以及对风险研究的角度不同,人们对风险的理解与认识也各有不同。归纳人们对风险的认识,大致有五种说法:一是,风险是事件未来结果发生的不确定性;二是,风险是损失发生的不确定性;三是,风险是指可能发生损失的损害程度的大小;四是,风险是指损失程度的大小和发生的可能性;五是,风险是由其构成要素相互作用的结果,等等。尽管对风险的认识不尽相同,但各方对风险的核心与关键内容却有所共识,即是指"未来结果的不确定性或损失",或指"个人或群体在未来遇到伤害的可能性及对这种可能性的判断与认知"。

在《辞海》中,风险被解释为"人们在生产建设和日常生活中遭遇能导致人身伤亡、财产受损及其他经济损失的自然灾害、意外事故和其他不测事件的可能性"。[①] 在《汉语大词典》中,风险意为"可能发生的危险"。[②]

国内外学界关于风险问题的研究始于20世纪50年代,主要代表人物包括德国的乌尔里希·贝克、英国的安东尼·吉登斯,以及20世纪80年代以后中国的宋林飞等。这些学者对风险的释义各不相同。乌尔里希·贝克理解的风险是指"在早期,风险带有勇敢和冒险的意味,而现在,风险则是指对地球上所有生命的毁灭的威胁"。[③] 安东尼·吉登斯笔下的风险是指"在将来可能性的关系中被评价的危险程度"。[④] 中国的宋林飞对风险的解释有三点,第一,风险是关于不愿意发生的不确定之客观体现;第二,风险是"可测定的不确定性";第三,风险并非只是在实现决策时带来的损失,而且也指偏离决策目标的可能性。[⑤]

事实上,上述概念表达都涉及了风险的本质特征,即:第一,风险一词具有现代性,它应该是人们理解现代社会重要的核心概念,尤其当全球进入现代化社会、人类成为风险的主要制造者的时候;第二,风险是一种可能性,是指某一特定危险情况发生的可能性和后果,其基本内涵是指"未来结果的不确定性"或"个人或群体在未来遇到伤害的可能性及对这种可能性的判断与认知"。

(二)风险社会

风险社会概念的提出最早源自德国学者乌尔里希·贝克。自其专著《风险社会》于1986年问世以后,风险社会研究成为各国学者共同关注的学术领域和理论话题。学界大致依据以下两种视角来认识风险社会。

(1)客观主义的认识视角,即认为风险社会是客观存在的,正如"风险作为一

---

① 辞海(第3册)[Z].上海:上海辞书出版社,1999:4128.

② 汉语大词典(下卷)[Z].上海:汉语大词典出版社,1997:7382.

③ 冯必扬.不公平竞争与社会风险[M].北京:社会科学文献出版社,2007:46.

④ [英]安东尼·吉登斯.失控的世界[M].周红云,译.南昌:江西人民出版社,2001:91.

⑤ 宋林飞.中国社会风险预警系统的设计与运行[J].东南大学学报,1999,(1).

种客观存在,是人类生活中的基本现象,是随着社会生活的发展而发展"①一样,风险社会也并非人们主观意识的结果。乌尔里希·贝克本人即支持这种观点。他认为风险与西方后现代社会如影相随,风险社会是现代社会的客观必然,因为"在西方社会里人类面临着威胁其生存的风险,这种风险是人为制造的"。② 乌尔里希·贝克虽然没有直接给风险社会下定义,但是他分析了风险社会的八大特征:"第一,既非毁灭亦非信任或安全,而是一种真实的虚拟;第二,是一种有威胁的未来,(仍然)与事实相反,成为影响当前行动的参数;第三,既是事实陈述,也是价值陈述,它在数字化道德中得以结合;第四,控制与失控,正如在人为制造的不确定性中所表现的那样;第五,在认识(再认识)冲突中所意识到的知识与无意识;第六,全球和本土被同时重组为风险的全球性;第七,知识、潜在影响和症候后果之间的区别;第八,一个人造的、失去了自然与文化二元论的混合世界。"③与乌尔里希·贝克观点相同的还有英国著名的社会学家安东尼·吉登斯。对于什么叫风险社会,吉登斯下的定义是:"风险社会就是日益生活在高科技的前沿,无人能够完全明白,也难以把握各种可能的未来。"④我国个别学者认为风险社会是"一个具有积极意义的伪命题",尽管如此,这类观点对"风险社会是一种客观必然"一说还是予以了认同,即"人类的历史就是与风险斗争的历史,人类社会本身就是风险社会,所以不存在一个与一般社会相区别的所谓风险社会"。⑤

（2）主观主义的认识视角,主观主义是一种不以事物本身或事实呈现本身为判断标准,是以认识主体本身的条件,如在经验中的自我、心灵或意识等为判断标准的一种倾向。主观主义也可分为认识论上的主观主义、经验的主观主义、先验的主观主义和宗教的主观主义。在风险认识问题上的主观主义,多表现在人类文明早期,即人们认为风险是上帝的一种举动,是神明对人的惩罚。包括对风险社会的认识,人们也不认为它是人类错误行为所致,而是上帝对人类的一种惩戒。

随着现代科学的进步,越来越多的人开始用客观主义的视角看待风险社会,认为风险社会是现代社会无法回避的一种客观必然。而且,社会的现代性越强,一系列人为制造出的可能具有严重后果风险的发生率就越大。甚至可以说,现代性风靡全球的过程,也是"风险不断产生、积累和主导现代社会未来发展方向和方式的过程"。⑥

（三）社会风险

1999 年,我国宋林飞教授提出了五种社会风险预警理念,其中包括对未来社

---

① 庄友刚.跨越风险社会[M].北京:人民出版社,2008:6.

② 李谧,唐伟.当代风险社会理论研究述评[J].国家教育行政学院学报,2009,(6):20.

③ 冯必扬.社会风险与风险社会关系探析[J].江苏行政学院学报,2008,(5):79.

④ 冯必扬.社会风险与风险社会关系探析[J].江苏行政学院学报,2008,(5):76.

⑤ 李文钊.风险社会:一个有积极意义的伪命题[N].中国经营报,2004-07-25.

⑥ 何小勇.风险现代性与当代社会发展[J].内蒙古社会科学,2007,(6):68.

会秩序的不确定性、社会稳定预期、适度社会成本、非均衡社会和早期预警。与此同时他还设计了包括 18 个警源指标、10 个警兆指标和 12 个警情指标在内的"中国社会风险预警系统"。宋林飞教授对社会风险给出的定义是,"社会风险是社会所难以承受的损失或影响"。①

我国社会学家邓伟志教授把能够引发社会失序和动荡的社会问题看做是社会风险的主要来源。他指出,"社会转型与体制转轨的不期而遇是当前社会发展的最主要特征。它在把现代性注入社会的同时,也引发了种种社会问题,成为社会风险的主要来源。当社会风险的发生超过人类理性控制的范围并蓄积到一定程度时,便会把社会的发展推向失序、动荡的深渊"。②

根据对风险本质的理解,冯必扬教授从风险本质的角度出发,对社会风险所做的定义是:"社会风险就是社会损失的不确定性。"按照他的诠释,"正确把握社会风险的内涵,关键是要正确认识'社会损失'。而要正确把握'社会损失',首先要明确对社会的认识。社会有广义和狭义之分,广义的社会是一个包括政治、经济、文化等子系统的巨型复杂的系统。如果从广义的社会出发,那么,除个人损失之外,人类生活中的各种损失都可以称之为社会损失。除个人以外的任何风险都可以称之为社会风险。而狭义的社会则是指与政治、经济、文化等相并列的系统,狭义的社会损失是指与政治损失、经济损失、文化损失等相并列的一种损失。狭义的社会风险是指与政治风险、经济风险、文化风险、金融风险、决策风险等相并列的一种风险"。③ 在对狭义的社会风险范围中的社会损失进行特定内涵分析之后,冯必扬教授对社会风险给出了进一步界定,即"社会风险是由个人或团体反叛社会行为所引起的社会失序和社会混乱的可能性"。④

综上所述,对社会风险的理解至少应包括两方面:首先,社会问题是社会风险的主要来源,即"社会风险是指由社会各个领域中的不确定性因素引发社会动荡、社会冲突、社会损失的一种潜在的可能性关系状态"。⑤ 其次,社会风险的"不确定性因素可能来自于社会的生态、经济、政治、文化等各个领域"。⑥

二、教育社会风险及相关概念的界定

(一)教育社会风险

教育是一种社会现象,从这个意义出发,本研究将教育风险列入社会风险的范畴,即教育风险是社会风险中的一种,并将"教育社会风险"作为本书的主要概念。

---

① 宋林飞.中国社会风险预警系统[J].东南大学学报,1999,(1):69.
② 邓伟志.关于社会风险预警机制问题的思考[J].社会科学,2003,(7):65.
③ 冯必扬.社会风险与风险社会关系探析[J].江苏行政学院学报,2008,(5):76.
④ 冯必扬.社会风险与风险社会关系探析[J].江苏行政学院学报,2008,(5):79.
⑤ 刘岩.风险社会理论新探[M].北京:中国社会科学出版社,2008:5-6.
⑥ 刘岩.风险社会理论新探[M].北京:中国社会科学出版社,2008:5-6.

按发生源或产生主体划分,教育社会风险分内外两种类型,即来自教育内部的风险和来自教育外部的风险。来自教育内部的风险,是指由于教育自身负面因素的存在可能致使的危险与后果。特别值得指出的是,教育内部风险的存在一方面会给社会带去某种可能的危险和后果,另一方面也会危及教育自身。换一个角度来表述就是,面对来自教育内部的风险,累及的受体有两个,一个是社会,一个是教育自身。来自教育外部的风险,是指教育之外负面因素的存在,使教育面临可能的危险和后果。这些负面因素包括社会非健康文化、观念、习俗等。综上所述,教育社会风险是社会风险的一种。当这种风险产生主体是社会时,它的一些非健康因素等会给教育带来某种危险的可能性和后果。同样道理,当这种风险产生主体是教育时,它的一些非健康因素等有可能会给社会带来风险。

(二)学校教育社会风险

学校教育社会风险是教育社会风险中的一种,顺延上述教育社会风险内外两层含义,对学校教育社会风险的理解也可有两个维度,一是学校教育社会风险,即学校教育面临的社会风险;二是学校教育的社会风险,即学校教育给社会带来的风险。综上所述,学校教育社会风险是指学校在办学活动与过程中未来结果的不确定性或损失。其表现为,社会上各种相关因素及学校教育活动本身等给学校教育带来某种危险的可能性与损失程度,以及学校教育给社会带来的某种危险的可能性与损失程度。学校教育社会风险概念的提出,旨在从社会风险的视域,认识、考察学校教育,指导学校办学。

学校教育社会风险是学校在办学活动过程中面临的未来结果的不确定性或可能损失。未来结果的不确定性是指在办学活动与过程中,教育本身的结果和教育对社会的影响或作用的结果是不确定的,可能是好的结果,也可能是坏的结果。未来结果中的损失,是指学校教育产生的不良结果,且带来了损失。由于损失程度不同,表现结果也不同。

未来结果中的损失,提示人们要高度关注教育社会风险程度。在学校教育运行的过程中,如果能够确立一个科学的发展观,采取科学而适当的措施,排除干扰,干预并阻断学校教育社会风险可能性或损失的出现,或者说在充分重视、理性判断的基础上,及时采取有效的防范措施,那么风险的损失也就会降低到最低程度。

(三)教育社会风险与其他风险的区别与联系

教育社会风险与其他风险同为风险,两者共性在于:它们基本特征和主要性质相同。它们都是人类生活中的基本现象,都是一种客观存在,同时也都是一种潜在的、可能的危险,尤其当进入现代化社会、人类逐渐成为社会教育风险等在内的相关风险主要制造者的时候,这种情况更加彰显。

教育社会风险与其他风险的主要区别是由教育本身所具有的全民性和公益性决定的。教育社会风险的影响范围与程度、性质与时效和其他风险均不相同。比如教育风险事件与金融投资风险事件,假定这两种风险事件已经发生,且两种风险事件的受害者是同一个人或是同一群人,就对受害者而言,金融投资风险的影响范围与程度、性质与时效可能是暂时的、一过性的或是可逆转的。因为受害者很可能抓住后来的机会东山再起、弥补损失或成功翻身,更何况不是每个人都必须或是应该参与金融投资。但教育风险事件则不然,其影响范围与程度、性质与时效则远远超过金融投资风险。教育涉及千家万户,国家法律有刚性要求和强制性规定,人人都要受教育,尤其接受义务教育。正因为教育是全民事业,是国家事业,所以牵涉面广。比如"马加爵事件"等极端个案,引发的是全社会整体对教育的担忧以及对青少年身心健康教育问题的担忧。对个人来说,教育风险事件一旦出现,影响的可能将是他一生受教育的程度甚至职业发展。而对于一个国家来说,教育的全民性和公益性决定了教育风险事件一旦爆发,有可能波及整个社会。

第二节　学校教育社会风险的基本类型

按风险发生源或者产生主体来区分,学校教育社会风险的基本类型可分为内外两种,即来自学校教育外部的风险和来自学校教育内部的风险。本节主要探讨形成学校教育外部的风险的四方面因素,即社会教育观念、教育管理体制、教育法规政策和不可抗力,以及形成学校教育内部的风险的七方面因素,即学校教育理念、学校基本条件、学校课程资源、学校施教队伍、学校管理水平、学校教育活动和学校教育实效。

一、来自学校教育外部的风险

形成教育外部风险的四方面因素,一是,由社会教育观念因素导致的学校教育社会风险。比如由于对教育目的、教育功能、教育价值取向等方面认识理解的偏差等,可能影响甚至致使学校教育偏离正轨,进而导致学校教育社会风险的产生。二是,由教育管理体制因素导致的学校教育社会风险,即由于组织机构设置、教育领导体制、教育决策机制和办学投资体制等方面出现偏差,进而导致学校教育可能出现内部运行、内外部公共关系、办学自主权和资金资源等问题。三是,由教育法规政策因素导致的教育社会风险,即教育方针政策不完善或执行不力等,最终导致学校教育背离本意而产生风险。四是,由不可抗力因素导致的教育社会风险,如自然灾害、战争、暴力事件,再如国际社会不利因素、经济危机、国际规约与惯例约束等导致风险。由于对此缺乏防范和有效应对,致使学校教育陷入无序混乱状态,进而造成人员和财产的重大损失等。

来自教育外部的风险是客观存在的,它不以学校自己的意志为转移,学校不能控制它,但可以研究它、预测它和重视它,从而有效地规避它。下面以社会教育观念偏差、教育管理体制缺陷和教育法规政策薄弱导致的三类风险为例展开论述。

（一）由社会教育观念偏差导致的教育风险

何谓社会教育观念？社会教育观念一般指的是一定时期、一定地域的人们对于教育共同持有的认识，或是价值判断。社会教育观念是一种最基本、最一般，支配着民众文化教育生活的普遍认识。它的形成和人们直接的文化教育经历有关，因此它具有强大的惯性和统摄力，会长时间地影响人们的行为。社会教育观念有正面与负面之分，正如马克思主义哲学所揭示的：先进的、正面的社会意识能有力促进社会的进步与发展，病态的、负面的社会意识会阻挠社会进步与发展。正确的社会教育观念能够促进教育的进步与发展，使教育成为社会这一健康机体的一部分，并随之而发展强健。相反，错误的社会教育观念会致使教育失去依托和支撑，偏离正常发展的轨道。当下，社会教育观念偏差造成的最常见教育风险的表现如下。

1. 教育的功利观致使学校办学偏离教育本意

在大多数人的心目中，学校教育就是升学教育，这似乎成了天经地义的道理。升学率高且重点大学入学率高的学校就是名牌学校，就是好学校。这些观念差不多成了社会约定俗成评判学校的标准。在这种社会舆论与观念的影响下，学校教育悄然发生着相应的变化，比如，原本统一完整的学校教育被拆分成为应试教育与素质教育"两张皮"。相比之下，应试教育差不多成了学校教育的代名词，升学教育几乎成为学校教育唯一的目的。我们知道，应试教育的价值取向与教育的理想严重背离，它人为地割裂了教育与教学的统一过程，严重忽略了人的全面发展和身心和谐发展。

众所周知，教育有两项最重要、最核心的功能，那就是促进人的个体价值和社会价值的实现，其中促进人的全面和谐发展是教育的最高理想。教育首先是人的教育，教育要培养的是全面发展的人。相比之下，长期以来人们对教育社会价值的关注和期望远远超过了其对个体价值的促进作用。

教育对促进人的全面和谐发展至关重要。古往今来，许多先贤伟人对此有过深刻的论述。我国古代伟大的教育家孔子提倡礼乐精神，并把培养知情意三者和谐之人作为教育的目标。他曾说："若臧武仲之知，公绰之不欲，卞庄子之勇，冉求之艺，文之以礼乐，亦可以为成人矣。"孔子这里所说的"成人"即是指具有了高尚道德、高雅情操、高深知识和高超技能的人。这样的一个"成人"具有武仲之智慧、公绰之境界、冉求之多艺和卞庄子之勇敢。这样的"成人"即是接近现代语境中的全面发展的人。然而，如何使人达到"成人"，孔子肯定地表示要通过"文之以礼乐"的教育来养成。古希腊、古罗马时期的教育主要培养人格、人性臻于完整圆满的公民或自由民。为了使这些公民和自由民成为全面发展的人，哲学、语言、修辞、历史和数学等成了他们必备的修身养性的科目。西塞罗用"humanitas"（人性、人情和万物之灵）来表达他的教育观念和育人理想。亚里士多德强调通过实施德育、智育、体育来促使人的理性与身体的和谐发展。文艺复兴时期，先贤们就已提出教育要培养新型的人的目标。以后各个时期的教育家、思想家们无不继承前人学说,通过理论研究和办学实践使教育"不仅是提高社会生产的一种方法,而且是造就全面发展人的唯一方法"。① 时至今日,在当前教育功利观影响下,应试教育占据主流,先贤们的教育观念与理想陷入了功利教育的泥沼。

2. 教育的功利观致使学生身心不堪重负

学业成绩的优和劣、分数的高和低成为不少学校评价学生的标准。在这种教育功利观下,学生们日常的学业任务艰巨繁重,给孩子们的身心状况带来了较大压力。

寒暑假、公众假日,乃至双休日成了孩子们的"第三学期"。学生每天的作业量有时多到让老师都得说抱歉。有读书郎的家庭,灯光要亮到半夜才关闭。在课业压力之下,学生每天睡眠时间普遍不足。2005 年,上海市某医学研究者曾对2 459 名小学生做过"睡眠状况调查分析及对策研究"。此项研究数据表明,上海市城、乡小学生周一至周五的平均睡眠时间分别为 8.56 小时和 8.58 小时,周末为9.40 小时和 9.28 小时。这些数据均明显低于国外同龄儿童及我国颁布的《关于加强青少年体质的意见》中关于我国小学生每天 10 小时睡眠时间的标准。②

不少学校召开家长会,向家长通报的主要是班集体或学生个人的学业情况,至于孩子在群体中社会性能力的表现,诸如人际关系处理、关心与参与集体事务、思想进步和交往沟通情况等,这些素质教育范围内的问题却很少向家长通报。临近高考的高中学生,更是陷于学业成绩的包围圈中,他们中的很多人参加学科竞赛,并不是出于自己的兴趣爱好,而是为了获得名次,从而获得推免保送资格或赢得高考加分待遇。

心理学、教育学和社会学理论告诉人们,过度的学业压力是各级各类学生心理健康的最大杀手。哈尔滨医科大学王丽敏教授曾做过一项关于中学生人际关系敏感、强迫、敌对、偏执、焦虑、抑郁、恐惧、精神病样和躯体化 9 种心理数据指标的调查。结果表明,生活轻松的学生只占 6%,有一项以上压力的学生占 94%,72.7%的学生压力来自学习。哈尔滨医科大学王忆军和崔金玉等在探讨城乡中学生焦虑的影响因素及因素间相互作用的方式时,曾对 4 030 名中学生进行问卷调查。结果发现,特质焦虑、学习压力、父母温暖理解及负面教养方式对中学生焦虑均有直接作用。而自尊和学习成绩则通过学习压力或特质焦虑间接影响中学生。研究者徐立峰和卢卫斌采用"中国中学生心理健康量表"对某省 11 所学校的 1 413 名中学生进行心理健康状况调查,结果发现中学生中问题最多的是学习压力感,焦虑因子中度以上检出率为 41.97%,高中学生比例最多,达 49.61%;高中生与初中生在除强迫症状因子以外,在其他各因子上均值存在显著差异,其中适应不良、抑郁因

① 马克思恩格斯论教育[M].北京:人民教育出版社,1986:230.
② 张燕萍,李生慧,等.上海市城乡小学生睡眠状况调查分析及对策研究[J].中国儿童保健杂志,2008,(5).

子的均值差异最大。学习成绩越低,心理问题越多。[1] 兰州大学姜晓梅和张兰在《兰州市中学生心理健康状况及自杀态度的研究》中指出,影响中学生心理健康的因子分布情况从高到低依次为情绪不稳定、人际关系敏感、学习压力、焦虑和抑郁等,其中学习压力名列第三。[2] 上海交通大学医学院附属精神卫生中心周琳琳、范娟和杜亚松在《上海市中学生抑郁症状现状及其与生活事件关系的研究》中指出,被测的 1 818 名中学生中有肯定抑郁症状的检出率为 18.6%,初一年级学生抑郁症状的检出率为 15.89%,初二 15.48%,初三 17.26%,高一 14.33%,高二 24.70%,高三 25.67%,高二和高三学生抑郁症状发生率显著高于初中和高一学生。该项研究还发现,负面生活事件的总分与抑郁症状的总分呈正相关。其中,出现频率最高的负面生活事件是明显的学习压力或考试失败,这两项负面生活事件对学生影响程度也最高。[3]

(二)由教育管理体制缺陷导致的教育风险

教育管理体制是一个国家在一定的政治、经济和文化制度基础上建立起来的对教育事业进行组织管理的各项制度的总和。教育管理体制是整个教育体制得以构成和运行的保障。它对学校教育管理体制改革和发展的方向、速度、规模有直接的影响。它涉及教育系统的机构设置、职责范围、隶属关系、权力划分和运行机制等方面,其外延包括以教育领导体制、办学体制和投资体制为核心的一系列教育制度。1985 年 5 月,中共中央颁布了《关于教育体制改革的决定》(下面简称《决定》)。自《决定》颁布以来,教育体制改革在以下三个方面取得了巨大的进展:首先,由于下放了教育管理权限,地方各级政府及社会各界发展教育与办学的积极性被调动起来,形成了教育发展的新的支持机制。教育在更为紧密地联系社会发展的同时也获得了更大的效益。其次,办学主体多位化,由过去国家单一办学到多主体办学,不仅集聚了更多的社会资源去发展教育,也使学校拥有了自主权。最后,教育类型的多样化既满足了人民群众日益增长的教育需求,也促进了个人在教育需求方面的选择更具主动性和针对性。但是,我国在教育体制调整和改革的过程中也产生了一些新问题,主要包括管理权下放之后教育行政部门宏观调控与办学机构或办学者之间的协调、多主体办学之后学校教育的公益性和市场经营的利润化之间的冲突等。这些冲突主要造成以下问题。

1. 教育乱收费问题

教育乱收费是学校市场化趋势引起的一种经济风险。学校市场化趋势产生原因比较复杂,学界比较一致的看法是:

---

① 徐立峰,卢卫斌.中学生心理健康状况调查与分析[J].贵州教育学院学报,2009,(11):76.
② 姜晓梅,张兰.兰州市中学生心理健康状况及自杀态度的研究[J].湖南医科大学学报,2009,(4).
③ 周琳琳,范娟,等.上海市中学生抑郁症状现状及其与生活事件关系的研究[J].上海精神医学,2009,(3).

一是由于理论观点误导所致,比如 20 世纪 80 年代流行一时的教育产业化思潮。该思潮造成的后果有四个方面:(1)减缓了政府对教育的投入,加速了教育的商业化;(2)导致了教育收费失控,异化了教育的功能与性质;(3)加重了学生家庭的负担,严重影响教育公平;(4)导致教育公信力受损和学校功能变异。①

二是由于教育经费投入不足所致。教育经费投入不足是制约我国教育发展的主要因素之一,也是造成我国教育乱收费的根源之一。1993 年,我国颁布的《中国教育改革和发展纲要》提出,到 20 世纪末国家财政性教育支出要占国民生产总值的 4%。截至 2000 年底,这个目标没有实现。2010 年,《国家中长期教育改革和发展规划纲要(2010—2020 年)》再次提出,国家将继续增加教育投入,逐步提高财政性教育经费支出在国民生产总值中所占的比例,到 2012 年达到 4%。

三是收费环节的不合理,生成天然的漏洞。比如收费者和获益者同是一个群体或是同一部门。政府物价部门审核收费数额来覆盖全部收费项目;以各种学习需求名义多次收费,甚至重复收费等。尤其是一些名校,"特别是公办重点学校,掌握垄断性的优质教育资源,其供给的市场垄断性,必然衍生垄断性的教育收费"。

教育乱收费问题屡禁不绝,成为社会顽症,一直是政府监控和关注的重点。2010 年 5 月下旬,教育部网站公布了教育部部长袁贵仁在"全国治理教育乱收费部际联席会议"上的讲话。袁贵仁指出,尽管 2009 年全国治理教育乱收费部际联席会议办公室受理教育收费问题举报同比下降 21%,查处教育收费违法案件同比下降 26%,教育乱收费举报比前一年降两成,但教育乱收费问题并未彻底根除。教育乱收费现象有:地方政府违反管理权限,越权出台教育收费项目和标准。有关部门挤占、截留、挪用学校教育经费,监管职责不到位,制度执行力不强,对行政区域内教育乱收费问题查处不力。学校服务性收费、代收费还不规范,以各种名义乱收费。义务教育阶段择校及由此引发的乱收费问题还十分突出,一些学校以自愿捐助名义收取择校费,隐蔽性、危害性增加,治理难度增大。违反高中"三限"(限人数、限分数、限钱数)政策的现象在一些地方还比较突出。部分学校未经合法审批,以中外合作办学、举办软件学院等名义乱收费。个别地方改制学校的清理规范工作,却没有达到规定的要求。② 这些现象表明,教育乱收费的治理是一个长期的过程。

2. 教育同质化问题

政府宏观引导重要且不可或缺,比如政府组织支持的各种教育教学达标工程,名师工程和精品工程,实验性示范性评审,各级相关部门的监督、检查和督导,包括高等教育的各类评估评价等。这些管理与指导的出发点和用意毋庸置疑,但由于

---

① 董志霄,李来和.教育乱收费成因及治理对策研究[J].天津工程师范学院学报,2008,(2):56.
② 治理教育乱收费[EB/OL].腾讯网.2010 – 05 – 23.

过于强调检查标准、验收内容和评估标准的统一,客观上造成了各级各类学校行为的趋同,而使得这种"外力制动"策略未能收到理想的成效。

目前,教育同质化问题已经受到包括政府在内的各界人士的重视与关注。所谓同质化,"就是质的同化过程,即事物与事物之间赖以相互区别的质发生了趋同的现象"。① 所谓教育同质化,"是指学校与学校之间无论是办学目标还是教育理念,无论是改革目标还是具体措施,都日益趋同,学校没了自己的特色,而学生在几乎雷同的教育模式下,形成类似的思维方式和行为习惯,没了自己的个性,丧失了创造能力"。② 很多学者认为,教育同质化在一定程度上促进了教育的普及与教育的均衡,但是过度同质化则会致使教育成为标准化的生产过程,成为没有创造性的活动。教育的本质是培养身心和谐、全面发展的人。教育的过程应该是一个充满创造与激情的过程,因为教育的对象是无数个独一无二的生命体。面对丰富多样的生命个体,教育的过程应该是多彩生动的,而不是机械和僵化的。正如一些学者所说的那样,标准化只能适用于各种工具的生产,不能用于像教育这样富于创造性的领域,反之,教育会沦为工具。③ 在标准化、工具性教育中培养出来的人也将是没有创造力、缺乏想象力,更没有知识发现与重组能力的人。2005 年,《解放日报》曾报道过一则消息:国内 15 所名校中文系联合发起"第二届全国语文之星夏令营",在为期 5 天的活动中,来自全国各地的 200 多名高中语文爱好者,接受了 15 所名校专家教授们的考核,考核的结果令众人大失所望。学生们的作文缺少个性且高度一致的空话套话,缺乏生活积累和体验且描述空洞无物,几乎成了中学生作文的一个通病,"痛,并快乐着"、"将……进行到底"、"一道亮丽的风景线"等高度雷同,无异于一种新八股。

在高等教育领域,教育同质化造成的现实表象是发展模式上的千校一面。曾经有一段时期,高等院校不论自身基础如何,盲目追高,"冲一流"或是拼命升格拔高现象严重,直接后果之一就是抹杀了各自学科专业特色和人才培养特色;之二是标准化规模生产出来的人与国家创新发展和社会多元需求相去甚远;之三是造成人才重复积压、劳动力结构失调和岗位恶性竞争;之四,也是最具危害性的是使国家高等教育结构布局失衡并使整体质量下滑。我国著名科学家和教育家朱清时教授曾撰文《大学同质化与中国高等教育发展趋势》。他在文中中肯地指出:教育界也应该和自然界一样,生态要多样性才有生命力。一个国家人才结构也要有多样性,国家才能兴旺富强。著名的"钱学森之问"言之谆谆,意之殷殷,比如,为什么中国"没有一所大学能够按照培养科学技术发明创造人才的模式去办学,没有自己独特的创新的东西,老是'冒'不出杰出人才"? 又如,"今天我们办学,一定要有

① 奚丽娟.教育同质化现象论[J].教育研究与实验,2009,(5):20.

② 教育杂谈.义务教育下的教育同质化[EB/OL].http://www.baidu.com/ 20070806.

③ 奚丽娟.教育同质化现象论[J].教育研究与实验,2009,(5):21.

加州理工学院的那种科技创新精神……所有在那学习过的人都受它创新精神的熏陶,知道不创新不行。我们不能人云亦云,这不是科学精神,科学精神最重要的就是创新"。

(三)由教育法规政策建设薄弱导致的教育风险

"教育法规是指通过一定的国家机关依照法定程序制定的,调整有关的法律主体在教育活动中所发生的社会关系的法律规范体系的总和。从本质上看,教育法规是国家在教育方面的意志体现;从形式上看,教育法规是具有普遍约束力的行为规范。"① 而"教育政策是一个政党和国家为实现一定历史时期的教育发展目标和任务,依据党和国家在一定历史时期的基本任务、基本方针而制定的关于教育行动的准则,它是根据党和国家的总政策、总任务而制定的,体现了政党或国家对一定历史时期教育工作的需求"。②

目前,我国教育法规政策建设薄弱主要表现在三方面:一是面对新形势和新问题,教育法规政策的"无章可循",二是教育法规政策的"有章不循",三是教育法规政策的"有章难循"。对"无章可循",可以通过建章立制来完成。对"有章不循",可通过教育管理监控和加大教育行政督导来解决。相比之下,最难解决的问题是"有章难循"。"有章难循"之所以难循,首先,和我国当前教育法规本身操作性不强有关。一部好的法规,不仅要有明确的政策原则,更要有明确的操作原则乃至配套实施的机制与条件,否则该项法规的执行容易流于形式。其次,"有章难循"与法规本身的系统性有关。一部好的法规,要与相关的法规形成位次分明、责权相应的体系,否则法规的执行容易相互矛盾。比如,1993 年,我国颁布的《中国教育改革和发展纲要》提出:"逐步提高国家财政性教育经费支出占国民生产总值的比例,在 20 世纪末达到 4%"。但时至今日,这一目标依然没有实现。其中原因包括财政收入占 GDP 的比重过低、投入体制受限、各级教育投入失衡、政策问责机制薄弱及权责法规不明等。法规未能实现体系化、系统化,它的效力自然因此而递减,乃至无法执行。

对于教育经费 4% 目标的实现问题,高校的学者专家曾从法规体系完备的角度提出过建议。他们认为,一部法规颁布之后要同时辅之以具体细化的条款才能实施执行,比如要有执行程序的具体规定,涉及多个执法主体时要有明确的分工界定,对法律调整对象所负有的责任要予以明确,对违法行为要有责罚条款,要有相关免责规定等。上海师范大学教育学院陈永明教授认为,"职责未明、职责难明,是当前教育财政的主要特征。教育投入责任不清,相关法律、政策问责机制薄弱,缺乏依法治教的意识,是我国与其他教育发达国家最大的差距"。③ 他呼吁,"通过

---

① 刁庆慧.班主任工作相关的教育政策法规概述[EB/OL]. http://www.baidu.com/20100720.
② 百度百科"教育政策"[EB/OL]. baike.baidu.com/view/3422587.htm.
③ 教育经费 4% 目标为何屡落空 不仅是投入不足[EB/OL].人民日报,2010 – 05 – 25.

法律的形式,确定保障教育经费投入的长效机制,并加大执法监督和问责制度"。①
中国人民大学纪宝成教授等早在 2005 年第十届全国人民代表大会第三次会议召
开期间就提交过议案,建议将"教育投入法"列入全国人大立法计划。他提出,"尽
快组织对制定'教育投入法'的研究论证,将教育投入真正纳入依法实施、依法监
管的法制化轨道,进一步明确教育经费的来源、分配主体和划拨渠道,规定教育经
费的投入、使用、保障和监督责任,规范操作程序,对事关教育投入的违法行为依法
制裁,真正做到教育经费的投入和使用有法可依、有法必依、执法必严、违法
必究"。②

二、来自学校教育内部的风险

来自教育内部因素导致的学校教育社会风险主要表现在七个方面:一是,由学
校教育理念因素导致的学校教育社会风险,即由于学校自身对教育本质、办学目
标、人才培养标准和质量观等理解的偏差,从而导致学校教育社会风险。二是,由
学校基本条件因素导致的学校教育社会风险,即教育基础设施、教育基本环境、教
育经费保障等保障不力,致使学校面临风险。三是,由学校课程资源因素导致的学
校教育社会风险,即由于学科专业建设不力、教学课程开设不科学、教育教学质量
不高等致使学校面临风险。四是,由学校施教队伍因素导致的学校教育社会风险,
即由于教师整体结构不合理、教师敬业精神不强、教师专业素质、道德素质等出现
问题,致使学校面临风险。五是,由学校管理水平因素导致的学校教育社会风险,
即由于学校管理理念不正确、管理队伍素质差、管理方法不科学、管理工作实效低
下等,致使学校面临风险。六是,由学校教育活动因素导致的学校教育社会风险,
即由于教学方法不当、教学途径单一等,致使学校面临风险。七是,由学校教育实
效因素导致的学校教育社会风险,即由于教育教学质量不高、科研创新能力不强、
服务社会水平差等,致使学校面临风险。

学校内部因素导致的学校教育社会风险,来自于学校教育内部,是学校教育自
身的问题。一般而言,学校可以通过自己的努力来预测、控制、减少和防范它。下
面着重以学校管理行为失序、教育者施教方法不当和办学条件薄弱三类风险为主,
加以具体论述。

(一)由学校管理行为失序导致的教育风险

作为一种组织,学校内部的管理非常繁杂,但同时又必须保持有序。学校组织
应该是通过内外部协调一致的有序且有效的工作来满足学生成长发展的需求的一
种社会机构。根据管理性质与对象的不同,本书把指向未来的学校管理称之为
"战略管理",把对机构内部员工干预过程的管理称之为"绩效管理",把涉及师生

---

① 王伟健.教育经费 4% 目标为何屡落空 权责法规不明[EB/OL].法制网,2010 - 05 - 25.
② 王伟健.教育经费 4% 目标为何屡落空 权责法规不明[EB/OL].法制网,2010 - 05 - 25.

人身伤害问题的管理称之为"安全管理"等。战略管理行为失序致使的风险大多直接与一所学校或是与一个教育机构整体生存发展有关。绩效管理失序行为引发的风险问题大多与学校教职员工有关,有的也间接迁延到学生身上。而安全管理行为的失序危害的对象大多是学生,尤其是尚无自我保护能力的未成年学生。

战略管理和安全管理失序引发的相关风险是当下学校管理防范的重点。华东师范大学威业国教授认为:"学校的战略管理是指以未来为基点,为赢得持续的竞争优势而做出的重大策划或谋略,其目的是引导学校适应变化环境,获得生存与发展的持久动力;它是学校核心竞争力的辨识与评估、培育和提升及再评估的一个循环过程。"① 广西师范大学何清指出:"学校战略性管理是指学校依据其外部环境和自身条件及变化情况,制定战略,实施战略,并根据对实施过程与结果的评价与反馈来调整战略、制定战略的动态过程。"②

相比之下,战略管理是决定学校整体效益和发展成败的关键,是学校保持核心竞争力的关键。按常规理解,一所学校制定实施战略管理的关键人物是该校校长。如果校长具有战略远见,不断注意同行比较、汲取经验、调整办学策略,那么这所学校就比较容易受到社会、学生乃至家长的欢迎。比如,上海市某区有一所创办于 1993 年的著名小学。该校办学近 20 年来,始终坚持了"高质量、有特色、国际化的现代一流民办学校"的办学定位和"人无我有,人有我优,人优我精"的办学策略,经历创校之初的种种艰难和质疑,最终成为一所广受社会欢迎的名校。该校"人无我有,人有我优,人优我精"的办学策略和战略管理的精致与准确,使学校的发展始终走在了同行学校的前列,保持了很高且持续的社会美誉度。

对一所学校而言,由战略管理行为失序带来的风险往往是致命性的,轻则在同行竞争中落伍,重则面临兼并或是重组,甚至是面临风险最高等级,即学校关闭。以民办高校的办学为例,根据中国论文下载中心《我国民办高校倒闭问题之思考》一文披露,截至 1996 年,我国民办高校已经有 1 219 所。2001 年,民办教育网和中国民办教育协会高等教育专业委员会发布的全国民办教育机构总数为 1 134 家。他们所做的相关跟踪调查表明,迄今为止,这些机构中已有超过半数的学校停办或无法查询,有过一成的学校被其他机构兼并,基本正常运行的学校居然不足总数的四成。1996 年 5 月 18 日,中国民办教育协会高等教育专业委员会第二次会员大会在北京钓鱼台国宾馆召开,这是 20 世纪中国民办高校的盛会,共有 400 多所民办高校代表出席了这次大会。而到 2002 年,当年与会的 400 多所民办高校仅存 40 所。这种现象近年来似有愈演愈烈之势。据报道,2003 年中国民办院校的数量比 2002 年减少了 100 多所,其中尤以南洋教育集团的倒闭最为引人关注。③ 致使民

①　袁立新.学校战略管理初探[J].教学月刊,2006,(7):16.
②　何清.关于学校加强战略性管理的思考[J].桂林航天工业高专学报,2000,(4):27.
③　我国民办高校倒闭问题之思考[EB/OL].中国论文下载中心,2008－11－11.

办高校倒闭的原因固然复杂,但学校内部战略管理行为失序却无疑是原因之一。

近些年,学校安全管理是备受政府、学校乃至全社会高度重视的问题。不仅中国如此,世界各国也是如此。从 20 世纪 80 年代开始,美国就已经将州一级学校安全立法问题上升为教育决策的重要内容。日本于 2005 年修订《学校保健安全法》,专门辟出章节,明确学校安全的相关要求。2001 年法国就开始启用校园暴力检测软件,有近 95% 的学校被要求向数据库汇总校园安全信息。俄罗斯则于 2009年颁布《关于保证学校防火安全和反恐安全措施》,联邦紧急事务部每年都要在开学前对学校安全进行系统排查。①

随着由政策指导到立法保障、由外部制度到内部教育渗透、由增强管理责任到提高个体防范能力等工作的推进,我国在学校安全管理方面已经收到一定成效,因校方管理责任所引发的事故数量也有所下降。据上海市教育委员会于 2010 年 2月发布的《2009 年上海市中小学生安全情况报告》显示,2009 年上海市共发生中小学生各类安全事故 1 717 起,比 2008 年减少 39 起。在安全事故总体减少的情况下,校方责任事故也在下降,占事故总数的 2.8%,比 2008 年下降 2.1%。尽管如此,学校安全管理的责任依然重大,不能有丝毫懈怠。

学校安全管理行为的失序危害的对象大多是学生,尤其是尚无自我保护能力的未成年学生。学校安全管理行为失序的表现主要包括以下方面。

(1) 安全管理保障体系缺乏,校内没有相应的安全工作责任制度和事故责任追究制度。安全管理保障体系主要包括安全教育和安全防范两大内容。在英国,有一位被称为"海滩天使"的女孩蒂莉。在泰国普吉岛度假期间,年仅 12 岁的蒂莉突然发现海水冒着气泡,潮水迅速退去。这异常的情况使她想起了地理课上学到的知识——海啸前兆的现象,于是她马上告诉她的家人和海滩上的人们,使他们得以及时撤离,保全了生命。国内有研究表明,只要学校安全教育充分到位,80%的伤害事故是可以避免的。但根据 2005 年的一项调查显示:"我国未成年人中,仅有不到 5% 的人接受过安全自卫方面的教育"。② 也就是说,不少学校在提高师生安全意识、防护能力的宣传教育及实际培训方面是做得不够的。上海浦东教育发展研究院教育发展促进部所做的一项调查表明,导致校园安全事故的五项原因分别是:教师安全意识不强、学校安保不到位、社会对少年学生保护不够、社会矛盾积累和犯罪分子丧心病狂。其中教师安全意识不强和学校安保不到位两项是导致学校安全事故的主要原因,由这两项原因导致的校园安全事故占校园安全事故总体的 55.7%。

安全意识不强和安保不到位与学校安全教育密切相关。针对这一情况,教育部于 2007 年 2 月颁布了《中小学公共安全教育指导纲要》。不仅如此,教育部还

---

① 看国外采取哪些保障措施,如何构筑校园安全防线[N].中国教育报,2010 - 06 - 1.
② 邱卫东.现代中小学校园安全班长体系的调查与思考[J].重庆科技学院学报,2010,(1):156.

通过各种主题活动和安全项目来推进学校安全教育的落实,如安全演习、和谐校园建设、平安校园建设和文明校园建设等。为了以点带面地推动学校安全教育,我国政府还规定每年3月最后一个星期一为全国"中小学生安全教育日"。通过这些活动,学生提高了安全意识和自救自护的应变能力,特别重要的是,这些活动帮助学校明确了安全教育与安全防范的重要意义,从政府行政监督的角度警钟长鸣,有力地促进了学校安全管理保障体系建设的完善。

(2)安全预警机制不健全,校内没有事故预防措施和处理突发事件的应急预案。学校安全预警机制是指为学校安全预警而设置的机构、相应的制度和运转方式,并使其相互影响、制约的系统总和。也就是说,学校安全预警机制就是通过对学校安全领域的若干征兆和发展趋势进行监测、反馈、分析和评估后发出预先警示的系统机制。预警机制是确保学校安全的主要检测手段。[①] 学校预警机制有一整套工作流程,包括监测、识别、分析、评估和汇报发布,这一流程如果缺乏学校规范化管理的基础是无法实现的。

学校安全预警机制不健全的表现集中在:首先,对政府发出的行政性安全预警信息,比如校园周边治安、季节变化引起的事故、校园伤害事故种类和各类案例信息等反应迟缓、行动不力。其次,对校园内各类事故隐患,如来访接待、校车运行、食品供应、门禁出入、水电气使用和寄宿生管理等排查不够。再次,对学生群体动向,如课间活动和上学、放学监护等责任不到位。一些成功化解安全风险的经验告诉人们,各类事故的发生虽有一定的必然性,有的甚至不可避免,但只要学校坚持发挥预警机制的作用,很多安全隐患是可以化解的。

(3)一旦发生安全事故,对伤亡人员实施救治和责任追究不力。一般而言,对于重特大事故造成伤亡,学校各方能迅速行动和及时救治。在家庭和学校事故责任纠纷中,有很多是由于对事故后果估计不足、未能及时重视和救治引发的,比较常见的有体育课训练事故和课间学生肢体冲撞事故等。比如一例"踢足球引起的伤害案"就颇具代表性。某小学五年级男生在体育课上踢足球,乙方队员在带球突破甲方防守,猛力急速抬脚射门时,将足球射到甲方门将的眼睛上并致其受伤。体育老师见伤者的眼睛只是充血红肿,并未重视伤者的哭叫和痛苦的表情,认为伤者无大碍,未予救治。第二天早上,伤者感到视力模糊,便去医院检查,才发现双眼视网膜剥离,视力已严重损坏,虽经治疗,但还是几近失明。如果事故发生之初,体育老师清楚知晓监管责任并实施排除性救治,那么伤者就可以得到及时救治,而不会造成严重的后果。

(二)由学校教育者教育方法失当导致的教育风险

教育方法是指在一定的教育思想指导下形成的策略性教育途径,包括教师直接指向学科内容的教学方法、学生学习方法指导及学前教育和家庭教育的方法。

---

① 刘畅,张玉堂.学校安全预警机制的构成与运行[J].北京理工大学学报(社会科学版),2005,(8).

教育方法是教育的客观规律,是原则的反映和具体体现。正确地运用各种教育方法,对提高教学质量、实现教育目的、完成教育任务、培养身心和谐全面发展的人具有重要意义。我们知道,不论何种教育方法,都是在一定的教育思想指导下,即在一定的教育方法观指导下形成的,因此采用何种具体的教育方法,与是否具备正确的教育观念密切相关。相比而言,由学校教育者教育方法观念失当致使的教育风险的危害要远甚于具体方法。当下,学校教育者教育方法失当最具代表性的表现有三种,一是教学上滥用"填鸭式"教学方法,无视学生的主体性和创造性;二是忽视学生个性差异的"标准化制造"教育方法;三是管理管教或指导监护方法缺乏人性。

"填鸭式"教学方法最大的弊端是:作为学习主体——学生的主动性和创造性完全被无视、遗忘,教师的主导作用和权威作用被无限扩大。在"填鸭式"教学中,学生的知识学习和能力发展被割裂开来,学生像一只容器,主要任务是接受装载教师灌输的书本知识,至于学生的能力发展,则被认为是一个无须教导、自然形成的过程。在应试教育的作用下,"填鸭式"方式越演越烈,人们忽视了它对学生能力发展的危害,在一定程度上导致了风险极致现象的形成,比如机械被动接受知识,身心疲惫,烦学、厌学、逃学,自暴自弃。曾有人通过课堂言语交往行为对小学生学习过程中的非自主地位问题做过研究分析,结果表明,我国小学生言语交往行为集中表现为回答教师的问题,此类行为的频度在学生课堂言语行为总频度之中比重高达93.8%,提问、异议及其他类型占的比重分别仅为1.7%、2.7%与1.8%。而由教师提问、学生回答所构成的师生言语交往行为过程都是由教师启动的,学生在此过程中处于非自主地位。①

忽视学习者个性差异的"标准化制造"教育方法在世界各国学校教育中具有普遍性,也是教育教学改革中的重点问题。个性差异是指人们在个性倾向与心理特征上的差异。"个性差异主要表现为个体在气质、性格、能力等方面的差异,而不同个性的学生即使在同样的情况下,也会有不尽相同的表现。"②理想的教育是能够让每一位学习者在自身个性基础上都能取得合理发展和进步的教育,而要达到这个目标,就要求人们实现最大程度方法上的因材施教。

因材施教是孔子教育思想的重要内容,它是指教育者根据教育对象的个性差异而有针对性地进行教育教学的一种原则。理想的学校教育是能够满足多元智力特点与行为、不同表现方式与方法、多种性向与志趣的教育。因材施教是实现理想教育的重要的方法与手段。上海市闸北中学校长刘京海被人称为在成功教育方面"贴着地面翱翔"的思想者和实践者。他成功的真谛就在于:承认学生的个性差异,并相信这种差异无优劣之分;相信差异无优劣,并坚持认为成功也应该有多种

① 孔群英.注重学生个性差异,实施因材施教[EB/OL].http://www.yxswx.com/20040602.
② 牛建文.重视学生的个性差异和发展[N].商洛日报,2008 - 04 - 17.

标准;相信每个学生身上都有成功的潜能,并相信每个人都有渴望成功的愿望。正是因为坚持因材施教的教育理念,这位校长才能成为成功教育的典范和成功的实践者。

相对于上述两种情况,管理管教或指导监护方法缺乏人性是学校教育者最容易忽视,也是最容易造成重大过失的问题。管理管教或指导监护方法缺乏人性可以表现在教育教学过程的所有方面,主要有以下几种类型。

(1)刚性有余的冷漠型管理管教或指导监护。上海某大学一名贫困女研究生为解决母亲在校陪读的住所问题备受各方冷遇,在无助与自责中走上了绝路。如果学校在执行制度、坚持原则的过程中考虑该生的特殊困难,给些许缓冲,多施与关怀,悲剧或许可以避免。

(2)无端怀疑的武断型管理管教或指导监护。辽宁某中学老师的手机不见了,怀疑是某学生偷走的。班主任当着其家长的面,数落了该生一番,并让家长在家中注意查看。该生随家人回家后,把自己上锁的两个抽屉都打开,将东西都倒到床上,哭着嚷:"我真窝囊,你翻吧,看我拿没拿。"当天下午 3 时左右,趁家长外出时,该生为示清白,从 7 楼跳下,当场殒命。如果事发时,老师顾虑学生的感受,维护学生的自尊心,注意调查并使用合适的方法,类似的惨剧也不至于发生。

(3)责罚过度的粗暴型管理管教或指导监护。江苏某中学一高中生因为上课时看小说被年级主任发现,竟被当场抓住头发,拉到教室外面狠揍一顿,同时还遭受不堪入耳的脏话侮辱。事后这位同学羞愤难当,跳楼自杀。如果当初老师顾及学生的人格与尊严,采用说服的方式进行教育,一条鲜活的生命不至于从此消逝。

"冷漠、武断和粗暴"表达的是一种非人道和非理性,其与教育的宗旨、理念、理想和方法完全背离。"冷漠、武断和粗暴"的反面是"关爱、呵护、理解和宽容",这才是教育的爱的真谛与成功的真谛。教育本是为了人的教育,在教育者所有的方式方法中,如果抽去了"育人",不仅意味着教育失去了核心意义,甚至还会致使教育走向反面,即由育人变为毁人。

(三)由学校办学条件缺乏导致的教育风险

学校办学条件包括两大要素,一是人力资源要素,比如教师队伍的数量和质量;二是财力物力要素,比如办学经费、场地设备、校舍、图书资料及信息化设施等。学校办学条件是保证教育教学正常运作的重要基础,甚至可以说,一所学校能否称之为学校,首要的条件就是看它是否具备了上述两大要素。一所学校缺乏足够的师资条件或是必需的物资条件,都不可能正常运行。

相对于高等教育而言,我国基础教育由于办学条件缺乏而带来的问题要更多一些。相对于城市而言,在我国农村地区,尤其是欠发达地区的农村,学校办学条件更加薄弱。在学校物质条件方面,我国城乡之间的反差更加明显。曾有一项统计数据显示,我国"城市小学人均拥有计算机的数量是农村的 5 倍,农村生均危房面积却是城市生均的 4 倍。在办学基础薄弱、条件简陋的情况下,农村小学公用经费和基建经费少得可怜,而政府预算发挥作用的程度很低,各项转移支付更是杯水车薪。2002 年,农村小学生均总经费、事业费、个人经费、公用经费和基建费分别是全国平均水平的 82.60%、83.11%、85.96%、72.27%、70.83%。值得指出的是,这里的全国平均水平还是在农村小学生占绝大多数的情况下平均得出的。税费改革以后,农村小学经费短缺的矛盾更为突出"。① 造成高等教育与基础教育、城市与农村教育明显反差的原因,一是我国面临的是各地区教育发展不均衡的基本国情和困境。二是由于我国教育总投入长期不足及基础教育与高等教育之间资源配置的比例不合理。对于学校教育和学校办学而言,基本物质条件的匮乏带来的风险概率会更大,甚至有些事故的发生令人猝不及防。

在近些年中,学校危楼现象就具有一定的代表性。学校危楼事件频发的主要原因大多是因为学校缺乏资金而降低建造标准。早在 1981 年,教育部就要求各地教育主管部门高度重视学校危楼危房问题,并在《关于抓紧解决中小学危房倒塌不断发生重大伤亡事故问题的请示报告》中提出了整改的六点建议。尤其对于中小学校中的危险房屋,报告提出:"如不迅速采取坚决、有效的措施,解决危房问题的时间势将长期拖延下去,师生的人身安全没有保障,并严重影响青少年健康成长。"现在问题已有很大改观,但区域差别、城乡差别等不均衡现象未能消除,加之各种的原因,学校危楼危房问题仍然是国家、地方各级政府乃至社会各界关注的问题。在 2008 年汶川大地震中,中、小学和幼儿园校舍大面积垮塌,导致许多学生死亡的悲剧引发了社会各界对学校校舍安全的关注。学校校舍倒塌,其中自然灾害固然是主要原因,但是如果学校有足够的资金,完全能够按照防震标准规格建造,按照某专家的说法,"即便受到损坏,也绝对不应当全部倒塌,而学校建筑则本应最为坚固的"。

如果说学校危楼现象是一次性的、比较直观的伤害性风险,那么由学校物质条件缺乏致使的质量风险却是长久的、持续性的、难以察觉的,由质量风险产生的危害会贻误一代人甚至几代人。比如信息应用能力,这是现代人必须掌握的一项最基本的能力,也是一门融合多学科知识技能的学问,假如一所学校没有基本的教育技术条件,学生的思维与创新发展将无法保证。如,前些年,在大学新生中,来自贫困偏远地区的少数学生从未接触过电脑,更别说上过互联网。又如实验操作能力,这是现代人科学精神、科学态度和科学方法的基本素养,假如学校根本不具备实验室,甚至连列入教学计划的最基本的实验都无法进行,试想如何培养时代新人? 再如艺术审美能力,这是现代人感受美、鉴赏美和创造美的基本能力,而美育也需要物质条件作为支持,否则美育的具体实施是无法完成的。

在人力资源条件,即师资队伍方面,我国区域之间的反差也是明显的,尤其是欠发达地区基础教育师资数量与质量问题更为突出。在西部农村地区,由于生活

---

① 农村教育的难题 [EB/OL]. http://www.zhidao.baidu.com/question/10742515.html 20081213.

条件差和经济待遇等原因,教师队伍流动性很大,"不能安心于教育事业的教师,小学阶段占到36.2%,初中占到32.9%,高中占到32.8%"。① 尤其是工作条件的缺乏,使教师的专业发展面临诸多困难与问题,教师看不到自己未来的发展,人才大量流失,致使原本就资源不足的队伍雪上加霜。关于西部农村地区教师专业发展问题,曾有调查数据显示,"有67.3%的教师认为教学资源不能满足新课改的需求,58.8%的教师认为学校没有充足的教学参考资料,57.9%的教师认为学校没有充足的教学材料与仪器"。② 归根到底,这些数据背后反映出的还是与物质条件有关的问题。

足够数量与质量的师资是教育教学顺利进行的保证。就我国国情而言,我国13亿人口,有8亿人口在农村,农村在校学生约占在校生总数的80%,仅从数量上讲,农村教育在我国国民教育中的地位可想而知,农村教师数量质量的这块"短板"不补齐,农村学校教育的质量将无从谈起。正因为如此,党和政府近年来非常重视基础教育中义务教育不均衡发展的问题,并通过逐年加大对于农村和落后地区的政策倾斜与财政补贴,启动农村支教和西部支教等计划,加大帮扶农村教师培训力度等措施,以期实现农村教育师资条件的全面改善。

第三节　学校教育社会风险的主要特征

尽管学校教育社会风险是不以人的意志为转移的客观存在,不能根除、不能回避,但随着社会进步和现代化水平的提高,特别是随着人类认识世界、管理世界和改造世界能力的提高,人们还是可以通过深入研究来把握学校教育社会风险内在的规律和特征,并在此基础上达到转移风险、化解风险甚至消弭风险,将其危害降至最低。本节将介绍学校教育社会风险的客观性、长期性、复杂性、易变性、发展性和传递性等特征,并简要分析各特征。

一、学校教育社会风险的客观性

尽管古今中外哲学先贤在分析客观性时立场角度不同,描述客观性的程度和语言不同,但他们从不否认客观性其实是一种不以人的意志为转移的普遍必然性。自然界是物质的,人类社会的产生、存在乃至发展也具有客观物质性。世界的本质也是物质的,因此人类的意识总是后于物质存在,物质决定意识,这是物质客观性。乌尔里希·贝克视域中的"风险"与西方后现代社会是一对孪生兄弟,因而产生了风险社会的概念,风险社会也成为现代社会的代名词和客观必然。我国学者沿用并完善这些概念,诠释了"现代性注入社会—累积社会问题—(超过人类理性控制

---

① 王嘉毅,丁克贤.高中负债严重　西部农村学校遭遇发展新瓶颈[N].中国教育报,2009 - 05 - 04.
② 王嘉毅,丁克贤.高中负债严重　西部农村学校遭遇发展新瓶颈[N].中国教育报,2009 - 05 - 04.

时)引发社会风险"这一逻辑之链,因而得出结论,即社会风险是现代社会的客观必然。许多案例和事实表明,作为社会风险的一种,学校教育社会风险亦是一种客观必然。而且社会越进步、教育越发展,随之累积的问题也会越多,比如教育观念障碍、教育体制制约和制度局限等,一旦处置不当,风险将积累到超越人的理性控制能力的水平,风险形成将成无法回避的客观必然。

研究分析学校教育社会风险客观性的目的是为了深入地把握学校教育社会风险客观性的本质,以求真务实的精神探求事物的规律,最终防范或将风险威胁减至最低。比如在事物具有规律这一客观性方面,人们要认识到,规律是事物固有的本质的联系,它不能被创造也不能被消灭。同理,风险发生的必然性中也有其自在的规律,人们只有遵循规律,才能最终防范和应对。又如,在相关事物彼此之间存在联系这一客观性方面,人们必须学会把握事物之间固有的联系,并根据这种联系,调整改变事物的负面状态,使之最终往好的方面转化。

二、学校教育社会风险的长期性

如上所述,风险是一种不以人们意志为转移的客观必然,风险社会也是现代社会的代名词和一种客观必然。当今世界,科学技术迅猛发展,但人们对客观世界的已知程度其实十分有限。这种有限的认知,加上风险存在的客观必然,事实上决定了风险具有长期存在的特征。

教育社会风险的长期性主要表现为各种具体风险的此消彼长。自从有教育活动以来,人们已经无法统计发生过多少种和多大量的具体教育社会风险事件。但人们却从一般意义上认同了教育风险存在的长期性。因为教育社会风险发生的形式多种多样、程度有轻有重;教育社会风险波及的区域、人群多种多样,表现不一,但它们在整体上始终存在。说到底,教育社会风险长期存在的客观基础在于,一是人与自然、人与社会的矛盾始终存在,永无止境;二是教育发展的过程本身就是新旧矛盾和问题产生和消亡过程。教育的发展如同人类社会的发展一样,是在遭遇风险和防范风险的交替之中前进的。

教育社会风险的长期性决定了学校教育社会风险的长期性。强调学校教育社会风险存在的长期性,主要是为了避免认识上的"短视症"。对学校教育社会风险的防范要有长期准备,不因为某种风险消失而庆幸,因为同样或是别样的危机事件还会发生;不因为某种风险波及而沮丧,因为学会应对或是化解是当今社会现代人应该具备的观念与能力。更为重要的是,强调教育社会风险存在的长期性,对政府部门和教育管理机构提出了更高的要求,其中包括战略管理的预见与远见、法律法规建设的长效与可持续,以及政策制度的不断完善与改进。

三、学校教育社会风险的复杂性

复杂性已经是自然科学领域和社会人文学科领域的高频词。"尽管到目前为止,还没有一个公认的非常科学确切的定义。但是绝大多数各种关于复杂性概念,都表达了这样的共识:复杂性表现为一种众多因素相互作用的状态;复杂性即'交织在一起的东西';复杂性表达了一种不可还原的特征。"①学校教育社会风险的复杂性也具有这种特征,比如它的生成是"众多因素相互作用"的结果,它的种类边界不清,是一种"交织在一起的东西",这种生成的"多重因素"和边界的"交织"构成了教育社会风险构成的复杂性和类型的复杂性。

如上所述,学校教育社会风险构成的复杂性通常指其生成因素的复杂。比如,一桩校园伤害事故的发生可能缘起于多种因素,其中包括学校管理、条件和周边环境,个体、群体情绪,包括家长在内的教育者、监护者方式方法,甚至还和教育活动本身具有的丰富多彩的"情景性"有关等。正如"非典事件"不仅是一件单纯的医疗风险,而是多因素形成、需要多方合力治理的公共危机事件一样,教育社会风险类型的复杂性和构成的复杂性是同一问题的两个方面,前者着重结果,后者着重原因。

由于学校教育社会风险具有构成复杂和类型复杂的特点,因此对于它的防范应该是整体的、系统的且是全局的,而不能靠某个系统维护、局部整治或是采用"头疼医头,脚疼医脚"的方式来解决。从管理防范的角度看,应当着重强调系统建设、整体治理和全局联动。

四、学校教育社会风险的易变性

如果说教育社会风险类型的复杂性着重结果,构成的复杂性着重原因的话,那么易变性则着重学校教育社会风险的过程。易变,顾名思义是指不稳定。在金融市场中,由于资本流动的易变而可能造成的风险已为人们所理解,比如全球性流动过剩会加大风险、对冲基金高杠杆性和操作的隐蔽性会对金融稳定构成威胁、金融创新的负面问题及监管不力等都是风险趋势与主要因素。相比之下,学校教育社会风险的易变性往往不易引起人们的警觉,但它客观存在并通过过程发展影响风险的程度和性质。比如"奥数变形"案例,原本我国学生参加国际奥林匹克数学竞赛,并成为得奖大户是件好事,这既体现中国人民智力水准,又反映了中国整体教育质量。但由于过度追求"奥数"学习的功利性,加之教育理念的偏差和应试教育推波助澜,"奥数"学习从课外走进课内,从补充学习变为常态学习,从兴趣拓展变为孩子们的惊魂噩梦,其中的教训足以让人们铭记。

这个案例告诉人们,学校教育社会风险的易变暗含两种结果,一指事件可能恶化至不可收拾;二指事件可能被化解至危害最小。正因为教育社会风险具有易变的特点,因此各级教育管理部门更应该加强对学校教育社会风险追踪监测和预警干涉,加大教育过程的安全系数。对已经出现的风险苗头,要及时予以系统调治,

---

① 吴彤.复杂性范式的兴起[J].科学技术与辩证法.2001,18(6):20.

防止其向负面变化,尽可能将风险造成的危害与损失降至最低。

五、学校教育社会风险的发展性

相对于教育社会风险的易变性特点,教育社会风险的发展性也是指一种不稳定性,但其更多地是指风险危害可以被调治和降减,可以被引导到一种正面状态,即被有效控制的状态。

学校教育社会风险具有发展性特征是基于对人类理性与能力的信赖得出的。正因为学校教育社会风险具有发展性特征和人类具有一定的规避风险的理性与能力,所以稳定风险发展性中的不稳定因素,把不稳定因素导向稳定是可能的。以法国哲学家福柯规训理论为基础的风险的治理性观点向人们揭示出现代性知识与权力结合之后对于风险控制的强大作用。风险治理性理论的代表人物之一卢普顿坚信:只要"专家知识能够被正确运用,通过政府的话语和战略的设计,风险最终是可以被控制的"。① 联想到我国各级各类学校进行的对学生群体心理危机预防与干预工作,实际上就是政府部门行政指导加之心理学专业知识予以推进的。在近些年中,由于政府、社会和学校的高度重视,研究界对学生心理健康教育问题和学生心理危机干预的措施及支持系统的构建进行了深入的探讨,学生人群中由心理危机造成的风险概率大大降低。心理预防与干预稳定了风险发展过程中的不稳定因素,这方面的风险被有效控制,不能不归功于政府的重视和专业知识的作用。

学校教育社会风险具有发展性的特点,它可以被引导发展为一种正面状态,所以人们理当深入把握知识对于化解或是降减风险的巨大作用,注重行政推动加专业干预的叠加效应,提高决策、管理及行动过程中的科学性。

六、学校教育社会风险的传递性

学校教育社会风险具有一般风险的特点,包括其传递性。风险的传递性是指它的扩散效应。能否有效防范扩散、阻断风险递增是政府、学校机构和社会各界必须研究关注的重要问题。事实上,很多学校教育社会风险事件一旦发生,就如同一块投入水中的石子,会激起层层涟漪,并引发周边(社会)明显的反应。心理学上把这一现象称之为"涟漪效应"或"模仿效应",即一块石子投入水中,"由一个出发点引发周围的点持续性震动,震动会慢慢减退,但如果没有任何阻力,震动会波及很远距离的点"。石子的落点之处是直接的受害者,层层涟漪之处便是它的社会影响面。如果此时舆论不加以正面引导,最后的结局则会变得不可收拾。比如手足口病的传播,手足口病易发人群是五岁以下的幼儿,原本是比较容易处置预防的特定人群传染病,但是因为采取措施不得当,致使流言四起,最终造成一些幼儿园紧急闭园的现象。其中重要原因之一是:管理机构干预过于滞后和社会舆论引导

---

① 何小勇,风险.现代性与当代社会发展[J].内蒙古社会科学,2007,(6):71.

不当。尤其在信息时代,风险信息的散播分秒之间便可遍及全球,人们一般不会忽略任何风险信息,并据此作出个人决策。一任猜测性的恐慌蔓延,将使得社会对政府和学校信任危机远远大于疫情危害本身。

由于学校教育社会风险存在传递性的特点,尤其是"涟漪效应"中关于"如果没有任何阻力,震动会波及很远距离的点"的提示,学校乃至监管部门应该在风险事件出现的第一时间内,既要迅速处理风险事件本身,也要畅通信息渠道、透明事故真相、加强舆论引导,尽最大可能阻断风险事件引发的"震动会波及很远距离的点",阻断由点到面的途径,尽力促使一时之害变为长久之利。

第三章　学校教育社会风险评估的本质

改革开放以来,我国学校教育发展迅速,与此同时,各种学校教育社会风险也不断凸现出来,有的甚至触目惊心。一方面,社会上的各种相关因素、自然灾害及教育与管理活动本身给学校教育带来危险的可能性与损失广泛存在,且时有发生;另一方面,学校教育本身的一些非健康因素与结果给社会带来的危险的可能性与损失更是不容忽视。那么,如何才能使学校教育管理者及相关人员有效预测风险、规避风险,使其健康发展呢? 如何才能使学校教育更好地发挥其育人功能与促进人类社会文明进程的作用,避免或减少其给社会带来的风险呢? 根据我国当前的教育现状,我国亟待实施学校教育社会风险管理,即树立社会风险意识,根据社会风险管理理论来指导学校办学与管理。实施学校教育社会风险管理,首要的问题是要开展对学校教育社会风险的评估理论的研究。

第一节　学校教育社会风险评估的内涵

教育是一种社会现象,它伴随着人类社会活动的产生而产生,随着人类社会的发展而发展。实际上,自从人类社会步入封建社会、有了系统的教育后,就有了对教育社会风险的评估。一方面,人类社会对教育的作用、价值的认识,特别是对不良的教育可能对社会产生的结果的认识,这本身就是对教育可能给社会带来潜在风险的评价性认识;另一方面,人类对社会给教育带来的或可能带来的影响,即推动与阻碍作用的认识,也一直在进行中。如:人类社会早已认识到教育的作用,并始终在创造条件发展教育,抑制、控制那些有碍于教育发展的因素,其中也包括对社会可能对教育带来的风险的认识。在我国,从风险管理的高度来理解与运作教育,并对教育社会风险予以系统研究尚处于起步阶段,对教育社会风险的评估研究与实施尚且未有,因此,开展学校教育社会风险的评估的本质与内涵的研究显得尤为重要。

一、风险评估

（一）评估的含义

本书认为,弄清评估的含义,需要将评估与评价两个词一并理解。在教育研究与实践中涉及对某一事物、活动或过程予以判断或评鉴时,是使用评价还是评估,何时使用评价,何时使用评估,理论界说法不一。这除了人们对汉语中的评价与评估的含义理解存在着差异外,也与国内对英语词汇 evaluation 和 assessment 的理解与翻译也有着很大的关系。

中国社会科学院语言研究所词典编辑室编纂的《现代汉语词典》认为,评价有评定价值高低之意,而评估就是评价。只是在交叉内容之外评估一词多了一个"评议估计"的解释。① 就是说,评价与评估在内容上有交叉,也有区别。评估活动中有价值判断时,就与评价同义;没有价值判断时,就与评价有差别。陈玉琨先生认为,"评价即为引出和阐发价值。从本质上说,评价是一价值判断的过程",而"评估是一种模糊定量的评价"。② 刘淑兰认为评估是"依照一定的标准对客观事物进行观察并作出价值判断的过程"。③ 柯常青认为,"评估是根据预定的标准,观察分析一项活动、一件事情做到什么程度,取得了什么结果,比较分析解释实际效果与预定目标的差异,说明目标的合理程度和实现的水平等的过程"。④

关于评价与评估的内涵,《教育大辞典(增订合编本下册)》认为,评估(evaluation)指评议和估价,是对事物和过程的一种判断,评价(evaluation)是对事物价值的判断。⑤《教育评价辞典》认为,评估(evaluation)指的是:对人或事物的价值作出评量与估价,评估的严格、准确程度偏低,含有揣度、推测和估量的成分,结论具有笼统性;而评价(evaluation)的含义是:对人或事物的价值作出判断。⑥ 显然,《教育大辞典(增订合编本下册)》和《教育评价辞典》都认为汉语中的评价与评估既有相同之处,又有着一定的差别,但值得注意的是,这两本辞典中的评估和评价用的都是英文 evaluation 一词。

刘本固认为:evaluation 应该译评价。理由有三:一是从国际交往来看,评价这一概念已被各国所接受和使用,使用评价便于交流;二是从我国的语言实践看,人们习惯使用评价这一概念;三是从词义看,两个词的含义有所不同,评估是评论、估计的意思,并不含有价值的意义,而评价则具有评定价值程度高低的意思。⑦ 吴钢则认为英文 evaluation 译成评价与评估均可,两种译法都对,评价和评估在实际使用中所表达的是同一个概念。这主要是对英语中的 evaluation 这个单词的汉译不同所造成的,两者并无区别,是一个意思。⑧

黄光扬认为,国内许多文献中把 assessment 译成评价是不够正确的,应该正本清源。譬如"International Association for the Evaluation of Educational Achievement"

① 中国社会科学院语言研究所词典编辑室.现代汉语词典[Z].北京:商务印书馆,1996:980.
② 陈玉琨.教育评估的理论与技术[M].广州:广东高等教育出版社,1987:2.
③ 刘淑兰.教育评估和督导[M].上海:华东师范大学出版社,2000:3.
④ 柯常青.对美国高等教育鉴认制度的探析与思考[J].中国高等教育,2004:(1).
⑤ 顾明远.教育大辞典(增订合编本下册)[Z].上海:上海教育出版社,1998:1187-1188.
⑥ 陶西平.教育评价辞典[Z].北京:北京师范大学出版社.1998:55.
⑦ 刘本固.教育评价的理论与实践[M].杭州:浙江教育出版社,2000:49-52.
⑧ 吴钢.现代教育评价基础[M].上海:学林出版社,1996:2.

（简称 IEA）应译"国际教育成就评价协会"，而"International Association for Educational Assessment"则应该翻译为"国际教育评估协会"。① 王斌华在其编写的《专业英语教程（教育类）》一书中曾作过这样的界定：assessment 译成评价，亦作评定解。在英国等国家，assessment 通常指对学生学业的评价，appraisal 通常指对教师的评价，evaluation 通常指对学校、课程、教学计划等的评价。在美国，assessment、appraisal 和 evaluation 这三个词没有严格的使用范围，它们常可以互用。② 在我国香港和台湾地区学界，学者们通常将 evaluation 译成评鉴，将 assessment 译成评估。

本书认为，评价一般是指按照明确目标测定对象的属性，并把它变成主观效用（满足主体要求的程度）的行为，即明确价值的过程。在汉语中，评价起初是讲价、还价的意思，如，"市物不评价，市人知而不欺"（《宋史·戚同文传》）。后来评价又有了衡量人物或事物的价值的意思。评价就是评判价值的缩略语；而评估也是对人物或事物的价值衡量，在判定之外更多地带有估计的成分。在现实生活中，评价、评估、评定、评鉴、估价等概念的使用比较混乱，它们常常被当做同义语使用。这一点在西方也是如此。实际上评价、评估都是对对象的价值进行评判。一般认为，判定是确定性强的，而估计则是确定性弱的。但在现实中也未必都是如此，将价值评判用于广泛的社会领域，价值的定义必然是广泛的，判定不可能是很确定的，必定有较强的估计性质。因此，评价与评估从确定性程度上并没有什么原则的区别。但是从系统科学或运筹学的角度来看，评价与评估在运用中还是有细微差别的，也就是说，评价与评估有交叉，两者可以互换互用，但也需注意各自的搭配与习惯用法及使用场合与范围。③

（二）风险评估的内涵

根据风险管理理论，人类社会就是风险社会，在这一风险社会里，到处都充满了风险，人们也处在各种各样的风险之中。因此，作为生存于社会的成员，必须树立风险意识和风险防范意识并实施风险管理。而开展风险评估正是风险管理的组成部分。

一般认为，"风险评估就是对识别出的风险作进一步的分析，对其进行衡量和评价，为进一步管理决策提供服务，从而将系统的损失减至最低，或将其控制在可接受水平"。④ 王健康在其主编的《风险管理原理与实务操作》一书中认为，风险评估是指"在风险识别的基础上，通过对所收集的大量详细损失资料加以分析，运用概率论和数理统计方法，估计和预测风险发生的概率和损失幅度"。风险评估使风险管理科学化、定量化（如损失分布的建立、损失概率和损失期望的预测值等）

---

① 黄光扬.教育测量与评价[M].上海：华东师范大学出版社，2002：9.
② 王斌华.专业英语教程（教育类）[M].上海：上海教育出版社，2001：22.
③ 乐毅.学校评估研究——以美国国家质量奖《绩效优异教育标准》为比较例证[D].华东师范大学研究生博士学位论文，2005：11.
④ 范道津，陈伟珂.风险管理理论与工具[M].天津：天津大学出版社，2010：54.

为风险管理者进行风险决策和选择最佳管理技术提供了可靠的科学依据。[①]本书认为,风险评估是指评估方依据一定的评估原则、风险评估指标和标准,对某一事物、活动与过程面临的危险的可能性与结果运用科学方法与手段所进行的可能性与程度判断的活动和过程。"有时,风险是由多致灾因子形成的,使风险分析变得较为复杂,也容易造成风险认识的误区。"[②]胡政、孙昭民认为,"风险分析的目的就是要进行风险管理,应尽快建立风险管理机构,以便监督管理各类风险"。[③]

风险评估涉及各个领域和方面,只要有人类活动的地方就会有风险,当然也就会有对风险的评估,如自然风险评估、金融风险评估、投资风险评估、社会风险评估、教育风险评估和信息风险评估等。实施风险管理在西方发达国家已比较普遍。风险评估作为风险管理的重要手段,普遍应用于各行各业。然而,我国从风险的视域出发,通过风险评估来实现管理仅仅刚刚起步,但是,我国政府已经认识到实施风险管理的重要性和紧迫性。风险评估在金融、保险、信息安全、食品等领域已逐步开展起来,国家也出台了相关标准和规定,如发布并等效采用了《信息技术安全技术信息安全风险管理国际标准(ISO/IEC 27005—2008)》、出台了《信息安全技术信息安全风险评估指南》、《食品安全风险评估管理规定(试行)》等,这些政策法规在有力推动风险管理工作的同时,极大地提升了全社会的风险意识。

二、教育风险评估

(一)教育评估的概念

教育风险评估顾名思义;即从风险管理的视域对进行教育评估,属于教育评估的一部分。理解教育风险评估,首先要明确何谓教育评估。在我国教育领域,评价与评估这两个词的使用,似乎正在形一种成约定俗成的趋势:即在宏观监督与管理工作方面,一般使用评估,如学校办学资质的评估、高等教育评估、本科生教学水平评估等;而在涉及对具体的教育活动和对个人的评鉴时,则更多用评价,如课堂教学评价、课程评价、教师评价、学生评价等。本书认为,除了语义方面的差别外,使用评价还是评估主要取决于判断或评鉴的主旨或目的,如果倾向于对评价对象(如个人、事物、活动、过程)的价值方面予以判断或评鉴,则使用评价一词;倾向于对评价对象某方面程度的判断或评鉴,一般使用评估一词。对教育风险的评估,主要是对其可能性与程度的判定,故此使用评估一词。关于教育评估,国内外的学者有着不尽相同的界定,归纳起来大致有以下几种说法。

克龙巴赫(L. J. Cronbach)认为,"所谓教育评价(评估),是指为获取教育活动的决策资料,对参与教育活动的各个部分的状态、机能、成果等情报进行收集、整理

① 王健康.风险管理原理与实务操作[M].北京:电子工业出版社,2008:25.
② 胡政,孙昭民.灾害风险评估与保险[C].北京:地震出版社,1999:160.
③ 胡政,孙昭民.灾害风险评估与保险[C].北京:地震出版社,1999:161.

和提供的过程"。斯坦福评价协作组认为,教育评价(评估)是"对当时方案中发生的事及方案结局的系统考查———种导致帮助改进这个方案或其他有同样总目的的方案的考查"。① 泰勒(R. W. Tyler)认为,"评价(评估)过程在本质上是确定课程和教学大纲在实际上实现教育目标的程度的过程"。② 台湾学者李聪明认为,"教育评价(评估)是利用所有可行的评价技术评量教育所期待的一切效果"。③ 德雷斯(P. Dressel)认为,"所谓评价(评估),就是决定某种活动目的及程序的价值的过程"。刘本固认为,"所谓教育评价(评估),是指按照一定的价值标准,对受教育者的发展变化及构成其变化的诸种因素所进行的价值判断"。④ 还有学着把教育评估定义为"根据一定的目的和标准,采用科学的态度和方法,对教育工作中的活动、人员、管理和条件的状态与绩效进行质和量的价值判断"。⑤ 本书认为,教育评估是指在一定的教育理念指导下,依据一定的评估原则,对教育活动与过程、教育条件与管理状况等运用科学方法与手段所进行的程度与价值判断的活动和过程。

（二）教育风险评估的内涵

何谓教育风险评估?目前,我国尚没有统一的定义。从检索到的文献来看,对教育风险的研究焦点主要集中在三个微观的层面上:一是对教育的投资与办学风险的研究;二是对大学生就业风险的研究;三是对教育质量风险等的研究。虽然近年来我国对学校办学安全问题有了一定的关注,但尚缺乏系统的认识。这是因为目前我国对教育风险的研究刚刚起步,研究涉及面很小且不系统。迄今尚未有人从整体的视域研究教育风险和评估教育风险。

本书认为,教育风险是指教育在运行过程中,未来结果的不确定性或损失,即教育面临的潜在危险的可能性与损失程度及教育本身给社会带来的某种危险的可能性与损失程度。教育风险评估就是对"教育在运行过程中,未来结果的不确定性或损失"的评估。具体地讲,教育社会风险评估,是指评估方在一定的教育理念指导下,根据教育风险评估原则、教育风险评估指标与标准,对教育面临的潜在危险的可能性与损失程度及教育本身给社会带来的某种危险的可能性与损失程度,运用科学方法与手段所进行的可能性与程度判断的活动与过程。教育风险评估实质上就是从风险管理的高度来审视与管理教育。

三、学校教育社会风险评估

（一）学校教育社会风险评估概念与含义

简言之,学校教育社会风险评估就是从社会风险管理的视域对学校教育的评

---

① 瞿宝奎.教育学文集·教育评价[C].北京:人民教育出版社,1989:346.
② 瞿宝奎.教育学文集·教育评价[C].北京:人民教育出版社,1989:263.
③ 李聪明.教育评价的理论与方法[M].台北:台湾幼狮书店,1961:3.
④ 刘本固.教育评价的理论与实践[M].杭州:浙江教育出版社,2000:55.
⑤ 赵丹.英、美、日三国高等教育质量保证机制的比较研究[J].北京教育(高教版),2004,(7).

估。具体地讲,学校教育社会风险评估是指评估方在一定的教育理念和社会发展观指导下,根据学校教育社会风险评估原则、学校教育社会风险评估指标与标准,对学校教育活动与过程面临的某种危险的可能性与结果及学校教育活动过程本身给社会带来的某种危险的可能性与结果,运用科学方法与手段所进行的可能性与程度判断的活动与过程。本概念内涵有七个方面。

1. 评估方

评估方是评估的主体,主要包括:官方评估主体、他方评估主体和自我评估主体。官方评估是国家与政府职能部门组织实施的学校教育社会风险评估,旨在了解情况,调整与改善教育宏观管理政策与管理策略。他方评估也称第三方评估,是具有评估资质的中介组织受政府或学校组织等的委托实施的学校教育社会风险评估,其评估的目的主要是了解情况,调整管理风险的方法与策略。自我评估,即学校自己组织实施的评估,其目的主要是了解情况、发现问题,持续改进管理功能与风险管理能力。

2. 一定的教育理念和社会发展观

一定的教育理念和社会发展观是学校教育社会风险评估的指导思想。教育理念是理性的教育哲学观及其形成的观念体系。不同的教育哲学观,对学校教育有着不同的看法,有时甚至截然相反。社会发展观是对社会发展方式与途径的根本看法。不同的社会发展观对整个社会发展的影响、对学校教育的导向与影响当然不同;由此导致的学校教育对社会的影响结果当然也不会相同,给社会带来的风险肯定也不会一样。

3. 一定的原则

一定的原则是学校教育社会风险评估的基本准则。学校教育社会风险评估的原则是评估活动的基本准则与航向标,是控制整个评估活动的“灵魂”。没有正确的原则作指导,评估工作必将误入歧途,从而导致评估结果的不准确或错误。可见,学校教育社会风险评估的原则尤为重要。学校教育社会风险评估必须遵循六大原则(详见本章第三节)。

4. 学校教育社会风险评估指标和标准

学校教育社会风险评估指标和标准是教育社会风险评估的依据与准绳。在确立了学校教育社会风险评估内容后,紧接着就要明确具体的评估指标要素。评估指标要素是评估内容与对象的具体表现,是风险因素与风险事件的承载体;学校教育社会风险评估标准是风险等级评估的准绳,有了标准也就有了对风险程度的判定依据(详见第四章)。

5. 学校教育活动与过程面临的某种危险的可能性与结果及教育活动过程本身给社会带来的某种危险的可能性与结果

这是学校教育社会风险评估的内容,评估的内容也可以称为评估的对象。学校教育社会风险评估的内容或对象应该有两大部分组成:即学校在办学活动与过程中,未来结果的不确定性或损失。具体表现为,社会上的各种相关因素、自然灾害及学校教育活动与管理本身等给学校教育带来某种危险的可能性与损失程度,以及学校教育给社会带来的某种危险的可能性与损失程度。本书认为,只有统筹考虑这两个方面,才能做到客观、全面,才真正抓住了学校教育社会风险的实质。

6. 科学方法与手段

科学方法与手段是学校教育社会风险评估的方法和工具保障。学校教育社会风险评估不是主观臆断,而是在科学的理论指导之下,依据科学、先进的方法和评估工具所进行的"可能性与程度判断"的活动和过程。这就是说,在学校教育社会风险评估中方法与手段处于举足轻重的地位。

7. 可能性与程度判断的活动和过程

可能性与程度判断的活动和过程是学校教育社会风险评估的目的和学校教育社会风险评估活动的特征。这里含义有三:一是可能性与程度判断,即评估的实质;二是学校教育社会风险评估是活动,即有行为的开始和结束;三是学校教育社会风险评估是过程,这就是说,在开展学校教育社会风险评估时采用"过程方法",才能确保学校教育社会风险评估质量。

(二) 学校教育社会风险评估的基本特征

学校教育社会风险评估要从两方面入手:一是对学校教育面临的社会风险的评估,包括对学校外部因素导致的教育社会风险的评估和对学校内部因素导致的教育社会风险的评估两大方面;二是对学校教育给社会带来的风险的评估,包括学校教育对公民影响的评估、学校教育对社会发展的影响的评估两大方面。学校教育社会风险评估的目的主要是帮助人们正确认识学校教育的社会风险、风险类型与特征以及风险程度,从而做到重视、控制、消减直至规避风险。学校教育社会风险评估具有下述特征。

1. 学校教育社会风险评估是教育评估的组成部分

学校教育社会风险评估是从教育社会风险管理的视域来研究评估学校教育,也就是运用风险理论和风险管理理论来认识与指导评估学校教育,以达到正确认识学校教育对社会的作用和社会对教育的责任,从而预测风险、控制风险、防范风险,促使学校教育和社会真正地负起造福子孙后代的责任与义务。学校教育社会风险评估是教育评估理论的重要组成部分。

2. 学校教育社会风险评估是教育评估理论的升华

学校教育社会风险评估理论一方面把学校教育作为一个社会风险因素,从社会风险管理的视域来评估学校教育;另一方面把社会作为学校教育风险因素,从学校教育风险管理的视域来评估社会对学校教育潜在的风险,以达到从社会责任的高度来认识学校教育、理解学校教育、管理学校教育之目的,这既充分把握住了学校教育的本质,又抓住了学校教育管理的实际。这一理论是对教育评估理论的发展和升华,也是今后学校教育评估理论的发展方向。

3．学校教育社会风险评估是一系统工程

"教育评估活动作为教育活动中的一个子系统，其本身也是一个复杂的系统。从评估组织管理上看，它包含着评估方案的设计、评估成本的核算、评估标准与指标的设计、评估专家的遴选、评估方案的实施、评估结果信息的处理、评估报告的写作等多种活动。"[①]同理，学校教育社会风险评估也是一项系统工程，从评估组织管理上看更为复杂；另外，学校教育社会风险评估应采用"过程方法"和"管理系统的方法"；评估涉及的内容也十分广泛，涉及教育与社会两大系统；评估的基础理论同样是建立在综合的理论体系基础之上的，如系统论、控制论、全面质量管理理论等；评估过程是一个闭合的环，是一个持续改进的过程。

4．学校教育社会风险评估是学校教育管理过程

学校教育社会风险评估的内容由两部分组成：一是对学校教育面临的社会风险的评估，包括对学校外部因素导致的社会风险的评估和对学校内部因素导致的社会风险的评估两大方面；二是对学校教育给社会带来的影响的评估，包括学校教育对公民素质的风险的评估、学校教育对社会发展的影响的评估两大方面。就学校教育而言，学校教育社会风险评估目的是为了帮助学校正确认识学校教育面临的潜在社会风险，从而做到重视风险、预测风险、控制风险及防范风险，最后实现本真的学校教育，从而促使学校教育和社会真正承担起各自的责任与义务。可见，这一活动本身正是学校教育的活动与管理过程。

5．学校教育社会风险评估是政府宏观教育管理活动

本书认为，学校教育面临着风险，这一风险一是学校外部因素导致的，二是学校内部因素导致的。一方面，对于学校面临的一些教育社会风险，特别是学校外部因素导致的学校教育社会风险，政府应该承担起风险的预警与宏观管理责任。另一方面，对学校外部因素导致的教育社会风险进行预测、评估、控制，从而使学校避免或减少受到来自外部风险因素的影响，这本身就是政府宏观教育管理活动的重要内容。学校教育同样也会给社会带来风险，如何引导学校尽职尽责、避免不良教育或其结果给社会公民素质与社会发展进程带来风险、真正承担起学校教育的责任与义务，这正是政府的职责。因此，就教育管理职能部门而言，学校教育社会风险评估的活动与过程实际上就是政府宏观管理学校教育的活动与过程。

第二节　学校教育社会风险评估的意义

学校教育充满着社会风险，同时，不利的学校教育风险事件也会给社会带来风险。据此，人们必须树立学校教育社会风险意识，正确认识学校教育社会风险，同时建立行之有效的学校教育社会风险防范体制与机制，实施学校教育的风险管理。

---

① 张伟江，孙祝岭，郭朝红.教育评估的可靠性研究［M］.北京：高等教育出版社，2009：23.

只有这样,才能有效地预测、控制风险和减少、防范风险,促使学校教育和社会更好地承担起造福子孙后代的责任与义务。由此可见,开展学校教育社会风险的评估,对学校、国家和整个社会都具有十分重要的意义。

一、评估学校面临的教育社会风险的意义

学校教育面临着社会风险,这一风险来自于学校教育外部和学校教育内部两个方面,即学校外部因素导致的学校教育社会风险和学校内部因素导致的学校教育社会风险。对社会上的各种相关因素、自然灾害及学校教育活动与管理本身等给学校教育带来某种危险的可能性与损失程度进行评估的意义重大而深远。

(一) 评估学校外部因素导致的教育社会风险的意义

1. 对社会教育观念因素导致的学校教育社会风险进行评估

通过对整个社会对教育目的、教育功能、教育价值取向等因素的理性认识和对由此导致的风险事件和风险进行评估,可以使国家和政府、学校和整个社会正确认识各自的责任与义务。国家、政府和社会予以正确的导向,从而避免或减少不利于学校教育健康发展的风险事件的生成与发展;学校能够正确认识来自于学校外部的风险,从而有效应对与规避风险。

2. 对教育管理体制因素导致的学校教育社会风险进行评估

通过对各级教育管理机构设置、教育决策机制、教育领导体制、办学投资体制、招生考试体制等因素的认识和对由此导致的风险事件进行评估,可促使国家和政府改革与完善宏观教育管理体制,从而减少或避免由于宏观教育管理体制不足而导致的学校教育社会风险。对社会来讲,通过对教育管理体制因素导致的学校教育社会风险进行评估,可提高社会对学校教育发展与改革的关注水平与建言能力。对学校而言,通过对教育管理体制因素导致的学校教育社会风险事件进行评估,可帮助学校有效地应对风险、防范风险。

3. 对教育法规和政策因素导致的学校教育社会风险进行评估

通过对教育法律法规、教育方针政策等因素的认识和对由此导致的风险进行评估,可促进国家与政府及时完善法律法规、调整大政方针政策,有效避免或摆脱教育误区,从而确保以人为本、全面和谐发展教育的实现。对学校和社会而言,可有效识别风险、应对风险与规避风险。

4. 对不可抗力因素导致的学校教育社会风险进行评估

通过对天灾(地震、雨雪、山洪、饥荒)、人祸(瘟疫、战争、恐怖暴力事件、事故)、国际社会不利因素(金融与经济危机、集团制裁与撤资、国际规约与惯例约束)等不可抗力因素的认识和对由此导致的风险进行评估,可帮助学校、国家和整个社会提高对自然风险的防范意识及应对能力,从而有效预测风险、应对风险、控制风险和防范风险。

上述学校教育社会风险,由于是学校外部因素导致的,是客观存在的,它不以

学校自己的意志为转移。但就学校而言,必须正视它、重视它、研究它、评估它,以便做到有效地应对与规避。

(二)评估学校内部因素导致的教育社会风险的意义

1. 对学校教育理念因素导致的学校教育社会风险进行评估

通过对学校自身的教育本质认识、人才培养目标确定、学校教育追求、教育质量观念等因素的认识和对由此导致的风险进行评估,对学校、国家、社会都具有重要意义。我们知道,"理念是人们对某一事物或现象的理性认识、理想追求及其所形成的观念体系"。① 教育理念则是人们对教育的理性认识、理想追求及其所形成的观念体系。教育本质认识、人才培养目标确定、学校教育追求、教育质量观念等,这些正是教育理念的具体表现。就学校而言,这些认识的偏差必然会导致学校教育理念错位,生成不利的学校教育风险事件,致使学校教育面临失真的风险。可见,对学校教育理念因素导致的教育社会风险进行评估,可使学校教育健康发展,避免误入歧途;对国家和政府而言,可避免宏观决策与管理的失误,给学校教育以正确导向;对社会来说,有利于营造一个追求公平、公正、全面和谐发展的以人为本的社会氛围,从而减少或避免对学校教育的误导。

2. 对学校基本条件因素导致的学校教育社会风险进行评估

通过对教育基础设施、教育基本环境、教育经费保障、卫生安全措施等因素的识别和对由此导致的风险进行评估,可以促使学校及时了解办学基本条件情况与问题,从而加强基础设施投入与建设,为学生提供一个安全健康、动态良好、持续改进的环境和条件,为学生的自主创新性学习提供优质的服务,避免各种安全隐患和事故的发生,确保学生的健康成长与发展;对国家和政府而言,可提高宏观决策水平与管理的能力和实效,避免决策中的失误;对社会而言,可促使社会形成对学校教育本质与学校教育质量内涵的正确认识,并反过来正确引导学校教育的健康发展。

3. 对学校课程资源因素导致的学校教育社会风险进行评估

通过对学科、专业规划与建设、学校课程理念、学校课程决策与开设等因素的认识和对由此导致的风险进行评估,对学校而言,有利于及时了解本校学科建设与专业设置、课程决策、课程开设与课程运作情况,及时调整与完善学科与专业设置,在此基础上予以课程规划和建设,根据学生与社会不断发展的需要为学生提供丰富的、体现通识与专业课程整体协调的课程资源;对国家和政府而言,有利于提高对学科与专业的宏观调控与管理能力,避免学科设置混乱、专业设置过窄或随意的现象发生,从而对整个课程资源予以统筹性的宏观指导;对社会而言,通过对学校课程资源因素导致的教育社会风险进行评估,可以使整个社会从整体上认识课程的本质,从而为学校提供健康向上的隐性课程资源,并反过来对学校教育的课程设

---

① 杨寅平.现代大学理念构建[M].北京:中央编译出版社,2005:8.

置予以健康的导向。

4. 对学校施教队伍因素导致的学校教育社会风险进行评估

通过对由于教师整体结构、教师专业素质、教师道德素质、教师敬业精神等因素的认识和对由此导致的风险进行评估，可使学校及时掌握教师整体结构、教师专业素质、教师道德素质、教师敬业精神等状况，并予以及时有效的管理，从而提高施教队伍整体素质与结构；对国家和政府而言，有利于及时采取有效地宏观管理措施与舆论导向；对社会而言，通过对由学校施教队伍因素导致的教育社会风险进行评估，可引导社会形成正确客观的施教队伍素质评鉴观，促使全社会形成客观公正的教师发展与教师职业观。

5. 对学校管理水平因素导致的学校教育社会风险进行评估

通过对学校管理理念、管理队伍素质、管理方式方法、管理工作实效等因素的认识和对由此导致的风险进行评估，对学校而言，可以适时修正偏差的管理理念，了解并提高管理队伍素质，改进管理方式与方法，从而提高管理实效，避免或减少由于上述因素导致的学校教育社会风险。对国家和政府而言，有利于及时了解情况并采取有效的宏观管理措施，以减少风险或风险的影响程度。对社会而言，通过对学校管理水平因素导致的教育社会风险进行评估，一方面可有效规避自身的风险；另一方面通过社会舆论功能，可督促与引导学校提高管理水平，实现科学化、规范化管理。

6. 对学校教育活动因素导致的学校教育社会风险进行评估

通过对教学方法、教学质量保障等因素的认识和对由此导致的风险进行评估，对学校而言，可使其及时了解教学方法、教学实效及教学质量保障情况，以便改进教学方式与方法，从而提高教育教学质量，避免或减少上述风险的发生；对国家和政府而言，通过对学校教育活动因素导致的教育社会风险进行评估，有助于对学校教育的宏观管理，以减少风险或风险的影响程度。对社会而言，通过对学校教育活动因素导致的教育社会风险进行评估，可通过社会舆论的作用督促与引导学校改进教育教学方法，减少与避免风险。

7. 对学校教育实效因素导致的学校教育社会风险进行评估

通过对教育教学质量、科研创新能力、服务社会水平等因素的认识和对由此导致的风险进行评估，对学校而言，可及时了解学校的整体教育质量，从而及时调整战略，实施全面质量管理，以避免风险的发生或最大限度地弥补风险损失，持续提高教育质量，从而增强影响力和美誉度。对国家和政府而言，有助于及时了解学校教育质量与水平，从而予以宏观层面上的引导。对社会而言，一方面有利于规避由此带来的风险；另一方面通过社会舆论功能与筛选功能，促进学校改进与提高教育教学质量。

总之，上述由学校内部因素导致的学校教育社会风险来自于学校内部，是学校教育自身的问题。从理论上讲，学校通过自己的努力完全可以预测它、控制它、减少和防范它。

二、评估学校教育带来社会风险的意义

研究学校教育社会风险,人们既要看到学校教育面临的风险,同时也要看到学校教育给整个社会带来的影响,或是风险。学校教育带给社会的风险是指学校教育本身(不利的学校教育风险事件)给社会带来的某种危险的可能性或损失程度(可能是零风险,也可能是不同的等级风险)。本书认为,由学校教育风险因素演变成的学校教育风险事件,给社会带来的风险归根结底表现在两个层面:一是学校教育对社会公民素质的风险;二是学校教育对社会发展进程的风险。从教育社会风险管理的视域,开展学校教育对社会的风险评估具有重要的意义。

(1)通过对作为风险因素变量的学校教育的理性识别,对国家和政府来说,可使其有关部门及时了解学校教育的基本情况,以便及时采取措施,确保学校教育的健康发展,从而提高公民的科学、文化、道德、思想等整体素质;对社会来说,有利于抑制或规避不利的学校教育风险事件的影响,形成科学、理性、健康的社会环境与氛围;对学校来讲,可使其正确认识肩负的社会责任与使命,及时了解其教育与教学的现状,及时调整学科与专业设置和课程设置,及时采取切实可行的管理方法与手段,避免或减少不良的学校教育风险事件的产生,进而影响公民素质健康发展。

(2)通过对学校教育本身这一变量演变成的风险进行评估,对国家和政府来讲,可使其了解不利的学校教育风险事件对社会发展的影响,及时调整法律、法规和政策与导向,以减少或避免不利的学校教育风险事件的产生及其对社会发展进程可能带来的风险;对社会来说,有利于其防范由不良的学校教育风险事件导致的对社会的政治、经济、文化等发展与进程的风险,从而为社会的健康和谐发展创造良好的环境和氛围。对学校来说,有利于其调整办学方向、科学合理地规划与调整学科与专业、科学地设计与规划课程,从而避免或减少不利的学校教育风险事件的产生和由此导致的对学校自身发展的风险,不断培养出全面和谐发展的公民,促进社会的持续健康发展。

第三节　学校教育社会风险评估的原则

学校教育社会风险评估是评估方在一定的教育理念和社会发展观指导下,根据学校教育社会风险评估原则、学校教育社会风险评估指标与标准,对学校教育活动与过程面临的某种危险的可能性与结果及教育活动过程本身给社会带来的某种危险的可能性与结果,运用科学方法与手段所进行的可能性与程度判断的活动与过程。从学校教育社会风险评估的这一定义可以看出,学校教育社会风险评估的原则是评估活动的基本准则与航向标,是控制整个评估活动的灵魂。没有正确的

原则作指导,评估工作必将误入歧途,从而导致评估结果的不准确或错误。因此,开展学校教育社会风险评估需要遵循下述基本原则:

一、评估工作实施应遵循的基本原则

学校教育社会风险评估主体是多元的,不同的评估主体对学校教育社会风险评估的目的不同,不同的评估目的对学校教育社会风险的关注点也不相同。然而,不管是什么样的评估主体,不管出于何等评估目的,学校教育社会风险评估的实施都应该遵循下述基本原则。

(一)第三方评估与自我评估相结合

从评估实施的主体角度,通常把评估划分为第三方评估和自我评估。第三方评估也称他人评估或外部评估。学校教育社会风险的第三方评估,是指评估方(一般是公正评估机构或部门)以第三人的方式组织与实施学校教育社会风险评估,旨在通过评估来了解学校教育面临的某种危险的可能性与后果及学校教育活动过程本身给社会带来的某种危险的可能性与后果,从而帮助有关方面认识与正视学校教育社会风险,预测、避免、减少、防范学校教育社会风险,实现学校教育的社会风险管理。学校教育社会风险的第三方评估通常有三种形式:一是国家或政府委托的第三方评估,主要目的是通过评估来了解学校教育面临的教育社会风险状况和学校教育本身对社会产生的某些危险的可能与后果,为国家或政府的教育宏观管理与决策服务;二是学校委托的第三方评估,主要目的是通过评估来了解学校教育面临的来自学校外部、内部的教育社会风险,了解学校教育自身给社会带来某些风险的可能性与后果,以便更好地运作学校教育;三是出于研究目的的第三方评估,出于研究目的的第三方评估主要有两种情况:研究者本身进行的评估和研究者委托第三方的评估,主要是为了研究而组织与实施的学校教育社会风险评估。

自我评估是指自己(即学校)作为评估主体对学校教育社会风险实施的评估。自我评估有广义的自我评估和狭义的自我评估。广义的自我评估即国家或政府、学校自己根据教育社会风险管理的原理进行的评估,如根据学校教育社会风险管理的基本要求对工作的检查、总结和管理活动等。狭义的自我评估特指按照与他人评价相同的标准所进行的对学校教育面临的社会风险和学校教育可能给社会带来的风险的可能性与后果进行评估。狭义的自我评估主要有两种形式,一是国家或政府组织与实施的学校教育社会风险评估;二是学校自己组织与实施的学校教育社会风险评估。二者评估的目的都是为了解学校教育社会风险的实际情况,为决策管理服务。

教育社会风险评估要坚持第三方评估与自我评估相结合的原则,这是因为:一方面,第三方评估与自我评估各有自己的优点与不足。第三方评估的优点是客观性强、真实性高、评估规范、要求严格;而缺点是呆板、缺少灵活性并受条件限制。

自我评估优点是不受时间和场合的限制,简便易行、省时省力、耗资较少、可在较长时间内连续操作、机动灵活;但同样存在着缺点,如客观性不足、缺少正规性与权威性等。另一方面是,通过第三方评估与自我评估的结合,才能更好地实施对学校教育的社会风险管理。就评估本身而言,任何形式的评估都不会直接导致学校组织和社会的教育社会风险的防范状态的增强,而学校组织和社会只有充分利用评估结果,持续地进行改进教育管理活动与过程,实现风险有效管理,才能使学校组织和社会的防范风险水平和能力得到改善。这就是说,科学的学校教育社会风险评估正是学校组织与社会成功地实施风险管理的基础,而开展学校教育社会风险评估,其根本目的在于加强对学校教育的社会风险管理。只有通过第三方评估与自我评估的结合,才能使人们更好地认识与正视学校教育社会风险,预测与防范学校教育面临的社会风险,避免与减少学校教育给社会带来风险,以便从社会风险管理的视域运作与管理学校教育,指导学校办学。

（二）常规性评估与针对性评估相结合

常规性学校教育社会风险评估,即日常性的学校教育社会风险评估,是从教育社会风险管理的视域对学校教育实施日常管理的行为。将学校教育放在整个社会这一大的环境中,并上升到教育社会风险的高度予以管理,这是从学校教育功能出发的一种十分先进的管理理念与行为,目前世界上许多发达国家都采用这一管理理念与做法。树立学校教育社会风险意识,正视学校教育社会风险,正确认识学校教育社会风险,同时建立行之有效的学校教育社会风险防范体制与机制,使学校教育的风险管理与评估变成学校的日常工作行为。通过常规性学校教育社会风险评估,可随时发现问题、解决问题,从而使国家或政府、学校及时有效地预测风险、控制风险、减少和防范风险。

针对性的学校教育社会风险评估,即根据学校教育管理的需要和不断变化的国际国内新形式,有针对性地实施学校教育社会风险评估。这一评估是为了更加有效的识别威胁与脆弱性,从而实现对学校教育社会风险的有效预测、控制、减少和防范。如,汶川大地震的发生,致使许多校舍倒塌,造成大量学生伤亡与财产损失。针对这一来自不可抗力的风险损失,有针对性地开展学校的自然风险应对能力与措施和校舍抵御自然风险能力的评估,可促使国家或政府、学校及时有效地预测、控制、减少和防范风险,可促使加强校舍安全建设与管理,杜绝腐败,严惩偷工减料的行为,促使社会、学校真正地负起造福子孙后代的责任与义务。

学校教育社会风险评估坚持常规性评估与针对性评估相结合,一方面能有效发挥常规性评估的系统性、全面性及对风险生成与发展过程的独到预测能力,同时发挥针对性评估的目的性和对象性管理的能力;另一方面可避免日常学校教育社会风险评估行为中的迟滞与僵化,同时避免针对性的学校教育社会风险评估中的非连贯性和非系统性。坚持常规性评估与针对性评估的相结合的评估原则,能帮助人们更好地认识学校教育的社会作用和社会对教育的责任。

二、评估风险内容应遵循的基本原则

风险内容是风险评估的对象和重点。由于所站的角度不同,学界对风险的内容认识不一,当然对评估风险内容时应遵循原则的认识也不一样。本书认为,评估学校教育社会风险内容应坚持风险因素评估与风险损失评估相结合、单项评估与综合评估相结合的原则。

（一）风险因素评估与风险损失评估相结合

学校教育社会风险是由学校教育社会风险因素、风险事件和风险后果三大要素构成的。在学校教育社会风险评估中,这三大要素就是三大评估内容。学校教育社会风险因素是学校教育社会风险的构成的要素,是风险形成的必要条件;学校教育社会风险事件是学校教育社会风险因素变量在环境中的变化状态与程度,是导致学校教育社会风险后果的事件。学校教育社会风险因素和风险事件是导致学校教育社会风险后果的间接原因和直接原因。学校教育社会风险事件本质上是风险因素,是风险因素在现实环境中的一种变化状态与程度。学校教育社会风险的评估当然应把这两大因素（广义的风险因素）确定为重点,即识别学校教育社会风险因素,控制学校教育社会风险事件。对学校教育社会风险因素的评估,其目的可谓事前防范;对学校教育社会风险事件的评估,其目的可谓事发处理;而对学校教育社会风险后果的评估目的是事后补救。

学校教育社会风险后果也称学校教育社会风险损失,是学校教育社会风险的结果表现形态,是学校教育社会风险的重要构成要素。从教育社会风险管理的角度来看,学校教育社会风险后果（损失）是人们不期望看到的,但一经出现,也要坦然面对,泰然处之。既要对风险等级与程度予以评估,又要深挖导致这一风险后果（损失）的直接原因;同时也要正视风险因素中的那些脆弱点,识别那些来自于学校教育内部、外部的各种威胁。只有这样,才能有效地预测、控制、减少风险,到最后防范风险,才能真正实现学校教育的社会风险管理。

坚持风险因素评估与风险损失评估相结合的评估原则,才能确切把握学校教育社会风险的内涵,才能减少或避免风险,才能有效应对风险和防范风险。认为风险评估只是评估威胁和脆弱点的认识与做法不完全适用于学校教育社会风险评估与学校教育的社会风险管理。

（二）单项评估与综合评估相结合

学校教育社会风险的单项评估,是指根据具体情况和需要对学校教育社会风险的部分内容实施评估,即可单独评估社会带给学校教育的风险,也可以单独评估学校教育带给社会的风险;可以评估由学校外部因素导致的学校教育社会风险,也可以单独评估由学校内部因素导致的学校教育社会风险;可以单独评估学校教育社会风险因素,也可以单独评估学校教育社会风险事件;可以单独评估学校教育社

会风险损失,也可以对学校教育社会风险的某一具体方面(如某一风险因素、风险事件或风险后果)实施评估。学校教育社会风险的综合评估,即对整个教育社会风险的评估。一是对学校教育面临的社会风险的评估,包括对学校外部因素导致的社会风险的评估和对学校内部因素导致的社会风险的评估两大方面;二是学校教育给社会带来的风险的评估,包括学校教育对公民素质的风险的评估,学校教育对社会发展的风险的评估两大方面。

在学校教育社会风险评估中,评估不是目的,而是手段。通过评估,目的在于实施学校教育的社会风险管理。因此,坚持单项评估与综合评估相结合的原则具有重要的意义。它可以告诉人们:为了实现学校教育社会风险的有效管理,对学校教育社会风险内容的评估,应视具体情况灵活掌握。何时评估,评估哪些内容,部分评估,还是整体性评估,要具体情况具体分析。总而言之,评估要围绕着学校教育社会风险管理的目的来进行,要具体情况具体分析,要坚持评估为管理服务。

三、评估方法选择应遵循的基本原则

何谓评估方法,定义与观点不一。本书认为,评估方法是各种评估方式、手段和程序的组合。按着评估的侧重面,评估方法划分为形成性评估、终结性评估;按照评估依据的工具,评估方法分定量评估、定性评估、常模参照评估(相对评估)、标准参照评估(绝对评估)等。本书认为,在评估方法的选择上,学校教育社会风险评估要坚持定性评估与定量评估相结合、形成性评估与终结性评估相结合的原则。

(一)定性评估与定量评估相结合

学校教育社会风险的定性评估,是指对学校教育社会风险因素、风险事件、风险后果的性质的价值判断,是通过语言的描述、释义、解释来实现的。学校教育社会风险的定性评估,必须具有科学的评估标准和评估依据,必须通过缜密的调查研究,在掌握充足资料的基础上作出评估。在学校教育社会风险评估中,定性评估具有十分重要的意义,许多结论的做出需要靠定性评估来完成,这是学校教育社会风险的性质所决定的。学校教育社会风险的定量评估,是指采用数学定量计算与分析的方法,即通过使用能反映具有普遍意义与事物状况的量化数据、一定的数学模型,采取统计学数据处理手段和方法进行的学校教育社会风险的评估。定量评估以数学、统计学等为理论依据,依据科学的评估工具和统计手段,用数据说话,因此具有一定的科学性。尽管如此,定量评估并不能完全排除评估工作中的主观因素影响,结果未必全都客观、准确。这就是说,在学校教育社会风险评估中,定性评估与定量评估都具有重要意义,作用不可替代。在学校教育社会风险评估中,只有坚持定性评估与定量评估相结合的原则,才能确保评估的可靠性与实效。

（二）形成性评估与终结性评估相结合

形成性评估是指对正在进行的活动与过程进行的价值判断,也称过程性评估。学校教育社会风险形成性评估,是指对学校教育活动与过程面临的某种危险的可能性与结果及教育活动过程本身给社会带来的某种危险的可能性与结果,运用科学方法与手段所进行的可能性与程度判断的活动与过程。本书认为,学校教育社会风险评估重要的是对学校教育社会风险形成过程的评估,特别是对教育社会风险因素变量在环境中的变化过程的评估,学校教育社会风险形成性评估居于十分重要的地位。终结性评估是对评估对象在一定时期内的全面状况与结果所进行的价值判断,也称结果性评估。学校教育社会风险终结性评估,是对学校教育面临的某种危险的可能性及教育活动本身给社会带来的某种危险的可能性侧重于结果的评估。在学校教育社会风险评估中,对学校教育社会风险事件的评估与风险后果(损失)程度的评估同样重要。及时了解学校教育社会风险事件、风险后果(损失)程度,有利于及时制定风险防范与处置措施,实施有效的学校教育的社会风险管理。

在学校教育社会风险评估中,坚持形成性评估与终结性评估相结合的原则,实际上就是坚持过程评估与结果评估相结合的原则。这就是说,学校教育的社会风险管理既要从学校教育社会风险形成与发展的过程入手,又要重视结果的评估,特别是对学校教育社会风险事件与风险后果的关注。这样才能科学预测风险、减少或避免风险、有效应对和防范风险。

第四章　学校教育社会风险评估指标体系

学校教育社会风险评估是指评估方在一定的教育理念和社会发展观指导下，根据学校教育社会风险评估原则、学校教育社会风险评估指标与标准，对学校教育活动与过程中面临的某种危险的可能性与结果以及教育活动过程本身给社会带来的某种危险的可能性与结果，运用科学方法与手段所进行的可能性与程度判断的活动与过程。学校教育社会风险评估指标是学校教育社会风险评估的依据和准绳。学校教育社会风险评估指标体系由学校面临的教育社会风险评估指标和学校教育带给社会的风险评估指标两大体系构成。

第一节　学校教育社会风险评估指标要素

在学校教育社会风险评估中，涉及的那些基本的对象或客体及其构成的体系称为学校教育社会风险评估指标要素。本节将从学校教育社会风险评估基本内容要素、基本指标要素、等级标准要素三个方面予以系统研究。

一、学校教育社会风险评估基本内容要素

如上所述，学校教育社会风险是指学校教育在运行活动过程中未来结果的不确定性或损失。其表现为：社会上的各种相关因素、自然灾害及学校教育活动与管理本身等给学校教育带来某种危险的可能性与损失程度，以及学校教育本身给社会带来的某种危险的可能性与损失程度。教育社会风险因素、风险事件和风险后果是学校教育社会风险的基本构成要素。学校教育社会风险评估从内容上来看，即是对学校教育社会风险因素、教育社会风险事件、教育社会风险后果三大内容因素的评估。

（一）学校教育社会风险因素

风险因素，即风险构成的要素，是风险形成的必要条件，是风险产生和存在的前提。学校教育社会风险因素是指学校教育社会风险构成的要素，是学校教育社会风险形成的必要条件，是学校教育社会风险产生和存在的前提。学校教育社会风险因素是学校教育社会风险评估的基本内容，其内涵与特征如下。

1. 学校教育社会风险因素是学校教育社会风险的构成要素之一

从风险的内容要素来看，风险实际上是风险因素、风险事件和后果（损失）的集合体。同理，学校教育社会风险是学校教育社会风险因素、风险事件和后果（损

失)的集合体。比如说,学校教育面临的由不可抗力因素导致的学校教育社会风险,即由于对天灾(地震、雨雪、山洪、饥荒)、人祸(瘟疫、战争、恐怖暴力事件、事故)、国际社会不利因素(金融与经济危机、集团制裁与撤资、国际规约与惯例约束)等不可抗力缺乏防范意识和有效的应对措施与手段,致使学校对灾害防范无力,进而面临教育无序混乱、人员伤亡、学校破产倒闭等风险。但若仔细分析便会发现,这一风险实际上是风险因素、风险事件和后果(损失)这三大要素的集合体,即整个不可抗力因素(天灾、人祸、国际社会不利因素等)、风险事件(天灾防范意识、人祸防范意识、突发事件处理等的程度)和最后造成的教育无序混乱、人员伤亡、学校破产倒闭等的后果(损失)共同构成的。可见,学校教育社会风险因素是学校教育社会风险的构成要素之一。

2. 学校教育社会风险因素是学校教育社会风险形成的必要条件

学校教育社会风险因素是学校教育社会风险产生和存在的前提。一方面,没有学校教育社会风险因素就不会产生学校教育社会风险事件,没有学校教育社会风险事件,就不会有学校教育社会风险后果(损失)。另一方面,学校教育社会风险因素、风险事件和后果(损失)是一个有机的集合体。从风险评估的角度讲,对风险因素,包括风险事件的评估与对后果(损失)的评估同等重要;从风险预测与控制的角度来看,可以说对学校教育社会风险因素的评估意义更为重大。如对上述不可抗力因素这一风险因素的评估,其目的正是为了减少、避免或防范由此造成的学校教育社会风险。当然,对风险后果(损失)的评估(损失既然已经发生了)同样重要,通过对后果(损失)的评估,可以促使人们提高对风险危害的认识和对风险因素的认识与控制水平。

3. 学校教育社会风险因素是学校教育社会风险发生的原因

学校教育社会风险因素、风险事件和后果(损失)是一个有机的集合体,但从风险管理研究的角度来看,风险因素是风险产生的根本原因。学校教育社会风险因素是学校教育社会风险事件发生的直接原因,是学校教育社会风险后果(损失)的间接原因。学校教育社会风险因素直接导致学校教育社会风险事件,再由学校教育社会风险事件直接导致学校教育社会后果(损失)。比如,由于社会教育观念这一风险因素可致使教育目的认识错误、教育功能理解偏差、教育价值取向问题等社会教育观念的偏差的风险事件,而这一风险事件又可能使学校面临教育偏离正轨、教育本质失真、成为社会的附庸,甚至破产或倒闭的学校教育社会风险。可见,学校教育社会风险因素是学校教育社会风险发生的根本原因。

总之,学校面临着各种各样的教育社会风险,一方面这些风险由学校外部风险因素和学校自身内部风险因素所致;另一方面学校教育本身也会给社会带来风险,这时,学校教育本身就是风险因素,这一风险因素会导致社会公民素质下降和影响社会发展的风险事件,这些风险事件又会影响到整个社会。

（二）学校教育社会风险事件

风险因素、风险事件和风险后果（损失）是风险的基本构成要素。风险事件是指，风险因素变量在环境中的变化状态与程度，是导致风险后果（损失）的事件，它是风险存在的充分条件，在整个风险中占据核心地位。学校教育社会风险事件是指学校教育社会风险因素变量在环境中的变化状态与程度，是学校教育社会风险后果（损失）的直接原因，是学校教育社会风险的基本构成要素。其基本内涵与特征如下：

1. 风险事件是风险因素变量的在现实环境中的一种运动形态

学校教育社会风险事件是风险因素变量的在现实环境中的一种运动形态，一方面是说，学校教育社会风险事件本质上是风险因素，是风险因素在现实环境中的一种变化状态与程度；另一方面，风险因素变量在现实环境中的运动与变化最终表现的程度又是不同的，由此产生不同程度与性质的风险事件。比如，在学校内部风险因素导致的学校教育社会风险中，学校条件保障风险因素（一级指标）中的学校教育基本环境因素（二级指标）是个变量，这一变量在现实环境中的运动与变化最终表现的程度不同，由此产生不同程度与性质的风险事件：一是学校物质环境优异先进，精神环境健康、良好，制度环境民主、科学，上述环境动态适宜、健康发展、持续改进；二是学校物质环境时尚，精神环境基本健康，制度环境基本能保障教职工的权利，整个环境规矩有余，但缺少活力；三是学校物质环境呆板或时尚，精神环境低俗或入时，制度环境对教职工的权利尊重不够，整个教育环境或呆板或张扬；四是学校物质环境单调或时尚，精神环境古板或低俗，制度环境缺乏对教职工权利的尊重，整个教育环境缺少健康向上的活力。上述不同程度与性质的风险事件分别给学校教育带来了风险，其等级程度依次是"零"风险（无风险），一级风险（一般风险／小风险），二级风险（高风险）或三级风险（特大风险）。

2. 风险事件是连接风险因素与风险后果（损失）的桥梁

学校教育社会风险因素、风险事件和后果（损失）是学校教育社会风险的基本构成要素。学校教育社会风险因素是学校教育社会风险后果（损失）的原因，然而，这种原因是否能演变成促使教育社会风险后果（损失）产生的动因，取决于风险因素变量在现实环境中的运动与变化程度，即能否发展成为风险事件，而风险事件正是促使风险由可能性转化为现实性的媒介。比如，上面列举的学校内部风险因素导致的学校教育社会风险中，学校条件保障风险因素（一级指标）中的学校教育基本环境因素（二级指标）可能导致学校条件保障不力的风险，甚至会导致学校破产倒闭的风险。但这只是说具有可能性，而只有当学校教育社会风险因素这一变量在现实环境中运动变化为学校教育社会风险事件时，才能真正导致学校条件保障不力的风险，甚至会导致学校破产倒闭的风险。如，"学校物质环境单调或时尚，精神环境古板或低俗，制度环境缺乏对教职工权利的尊重，整个教育环境缺少健康向上的活力"，如果这样程度与性质的风险事件发生的话，风险后果（损失）也就产生了。可见,学校教育社会风险事件是连接学校教育社会风险因素与风险后果的桥梁。

3. 风险事件是风险后果(损失)发生的直接原因

学校教育社会风险因素、风险事件和风险后果(损失)是教育社会风险的基本构成要素。其中,学校教育社会风险因素是教育社会风险后果(损失)的间接原因,而学校教育社会风险事件则是风险后果(损失)的直接原因。风险事件也属于风险因素,学校教育社会风险因素是导致学校教育社会风险的一种要素,只是一种存在变量,这一变量在现实环境中的运动与变化最终表现的程度不同,由此产生不同程度与性质的风险事件。这些风险事件则是导致学校教育社会风险的直接动因。比如,上面例子中的学校条件保障(一级指标)和学校教育基本环境(二级指标)是两级学校教育社会风险因素,是一种存在变量,而这两个学校教育社会风险因素变量在现实环境中的运动与变化则会发展成四种学校教育社会风险事件。这四种学校教育社会风险事件,直接给学校教育带来了程度不同的风险,即后果或损失。由此可见,学校教育社会风险事件是风险发生的直接原因。因此,在学校教育社会风险管理中正确识别学校教育社会风险因素和有效控制学校教育社会风险事件的发生尤为重要。

(三) 学校教育社会风险后果

学校教育社会风险后果,也称学校教育社会风险损失,是学校教育社会风险的结果表现形态,是学校教育社会风险的重要构成要素。学校教育社会风险评估的目的就是:正确识别学校教育社会风险因素,抑制或控制风险事件的产生与发展,防范或处置风险后果或损失。学校教育社会风险后果(损失)基本内涵与特征如下:

1. 风险后果是风险因素和风险事件共同作用的结果

学校教育社会风险因素是学校教育社会风险后果(损失)的间接原因,而学校教育社会风险事件则是直接原因。比如,在分析与研究学校教育对社会的风险时,相对社会公民素质和社会发展而言,学校教育是社会风险因素,这一变量在现实环境中运动与变化程度不同,由此产生不同程度与性质的风险事件(即不良的教育)。这些不良的教育则是风险事件,是导致公民素质低下和影响社会发展的直接原因;而相对社会畸形发展、动荡不安这一风险后果(损失)而言,社会公民素质低下、社会发展迟缓则是风险事件,是教育社会风险后果的直接原因。即社会公民素质低下、社会发展迟缓,是社会畸形发展风险后果发生的直接原因。

2. 学校教育社会风险后果的表现形式是损失

本书认为,损失是指由风险事件直接带来的事物价值、量的减少或性质的改变。在学校教育社会风险管理中,学校教育社会风险损失是指由学校教育社会风险事件直接带来的事物价值、量的减少或性质的改变。主要表现在两大方面:一是,社会对学校教育造成潜在的风险损失,即学校教育的损失和学校组织的损失;

二是,学校教育对社会造成潜在的风险损失,即公民、社会发展进程的损失和社会组织的损失。学校教育社会风险损失通常分为两种形态,即直接损失和间接损失。直接损失是指学校教育社会风险承受主体直接承受的后果(损失);间接损失是指承受主体间接承受的后果(损失)。

3. 学校教育社会风险后果是相对于承受这一风险的行为主体的结果

学校教育社会风险后果是相对于承受这一风险的行为主体的结果,这实际上是说学校教育社会风险后果是相对风险的行为承受主体而言的。如对学校教育而言,学校教育失真就是最终的风险后果,学校教育和学校组织是这一教育社会风险承受主体;相对学校组织而言,学校破产倒闭就是最终的风险后果,学校组织是这一教育社会风险承受主体。进一步而言,对社会公民而言,公民素质下降就是最终的风险后果;对社会发展进程而言,发展进程迟缓就是最终的风险后果;相对社会组织来讲,社会畸形发展就是最终的风险后果。可见,这时公民和社会便是风险的承受主体。

(四)学校教育社会风险因素、风险事件、风险后果的关系与特征

学校教育社会风险因素、风险事件和风险后果(损失)是风险的基本构成要素,是一个有机整体。学校教育社会风险因素是学校教育社会风险的构成要素,是学校教育社会风险形成的必要条件,是学校教育社会风险产生和存在的前提。学校教育社会风险事件是指学校教育社会风险因素变量在环境中的变化状态与程度,是导致教育社会风险后果(损失)的直接原因,是学校教育社会风险存在的充分条件,是学校教育社会风险的基本构成要素,在整个学校教育社会风险中占据核心地位。学校教育社会风险事件是连接学校教育社会风险因素与风险后果的桥梁,是风险由可能性转化为现实性的媒介。学校教育社会风险后果或损失是学校教育社会风险的结果表现形态,是学校教育社会风险事件的直接结果。教育社会风险后果表现为直接后果与间接后果,或直接损失与间接损失。

风险具有条件性、相对性、变化性的特征。风险因素、风险事件和风险后果(损失)是一个有机的集合体,然而风险因素、风险事件和风险后果(损失)又是有条件的、相对的和变化的。风险的这一特性,取决于承受相应风险的有关行为主体和其所站的角度。举例说明:"下雨——道路湿滑——翻车——造成人员伤亡"这一事件中,如果从乘车人的角度而言,这里"下雨"和"道路湿滑"是风险因素,而"翻车"则是风险事件,是"人员伤亡"这一风险后果的直接原因。这里很明显,承受这一风险的行为主体是乘车人,是站在乘车人的角度审视风险的。如果,"下雨——道路湿滑——翻车——造成人员伤亡——校长被解职"(这辆汽车是校车,当时又超员),这时"下雨"和"道路湿滑"是风险因素,而"翻车"和"人员伤亡"则是风险事件,是"校长被解职"这一风险后果的直接原因。这里很明显,是站在校长的角度审视风险的,承受这一风险的行为主体是校长。从上可以看出,风险事件是造成后果(损失)的直接的,是后果(损失)的媒介物,即风险只有通过风险事件

的发生才能导致损失。就某一事件来说,如果它是造成后果(损失)的直接原因,那么它就是风险事件;而在其他条件下,如果它是造成损失的间接原因,它便成为风险因素了。

同样,学校教育社会风险因素、风险事件和风险后果(损失)也是一个有机的集合体,这一整体是有条件的、是相对的和变化的。相对学校教育社会风险后果(损失)而言,学校教育社会风险事件是后果(损失)的直接原因,而学校教育社会风险因素便是间接原因;相对于学校教育社会风险事件而言,学校教育社会风险因素则是导致风险事件的直接原因。因此说,学校教育社会风险也是一个相对的概念,具有条件性、相对性和变化性,学校教育社会风险的这一特性,同样取决于承受相应风险的有关行为主体和其所站的角度。比如,在由学校内部因素导致的学校教育社会风险中,学校教育理念风险因素是一变量,这一变量在现实环境中运动与变化的最终表现程度不同,由此产生不同程度与性质的风险事件,即学校教育本质的认识、人才培养目标的确立、学校教育追求、教育质量观念错误,这些风险事件最终导致学校教育理念错位、学校教育失真,甚至学校破产倒闭。从学校破产倒闭这一学校教育社会风险后果(损失)来看,教育理念错位、学校教育失真是直接原因,即风险事件;就学校教育失真这一教育社会风险后果(损失)而言,教育理念错位是直接原因,即风险事件;就教育理念错位这一学校教育社会风险后果(损失)而言,教育本质的认识、人才培养目标的确立、学校教育追求、教育质量观念错误是直接原因,即风险事件。这里很明显,是从教育性质的角度和学校组织本身的视域审视风险的,承受这一风险的行为主体是教育本身和学校组织本身。如果说,由此校长被撤职了,那么站在校长的角度来审视风险,上述风险后果当然又是校长被撤职这一风险后果的风险事件了。

二、学校教育社会风险评估基本指标要素

要素是指以一定方式联结组合成系统的构成成分、因素与单元。要素和元素同义,原属于哲学范畴,是指简单的不变的本体。在现代科学中,要素通常用来表示同其他客体相结合而构成的一个统一的综合体,即系统的任何一个对象或客体。要素是相对于某一系统而言的,其自身也是一个系统。学校教育社会风险评估基本指标要素,是指在学校教育社会风险评估中那些以一定方式联结成系统的、反映学校教育社会风险构成成分的因素与单元,是学校教育社会风险评估的基本的对象或客体及其构成的体系。

(一)学校教育社会风险评估指标与指标体系

指标是统计学中的概念,是指一个或一组可用于量度另一种不可或不易直接量度或观测的指数、因素、规格或标准,它反映具有普遍意义与事物状况的量化数据,是事物现象数量化的科学范畴。学校教育社会风险评估指标是指一个或一组可用于量度学校教育风险及其相关因素的指数、因素、规格或标准,是学校教育社会风险评估中事物现象数量化的科学范畴。依据指标构成的性质,学校教育社会风险评估指标可划分为主观指标和客观指标。主观指标是以人的主观价值判断为基础构成的指标;客观指标是以客观事实、数据为基础的指标。

指标体系是一种人们用以度量非物化社会现象的"软"计量工具,是人们对客观系统的主观抽象和模拟。学校教育社会风险评估指标体系,是指反映学校教育社会风险评估对象基本特征的一系列系统化的、由多层级性指标所构成的指标群或指标的集合,是进行学校教育社会风险评估的标准性依据。

(二)可能性与不确定性

可能性是指事物发生的概率,是包含在事物之中并预示着事物发展趋势的指标与程度判断。可能性既可用量化数值表示,也可用程度副词很大、很小等表示。可能性的意义是一定、可能或不可能。学校教育社会风险的可能性,就是学校教育社会风险发生的概率。

不确定性是指在某一活动和过程中存在有多个可能的结果,且每个可能结果的形式是已知的,但得到任何一个结果的概率是未知的。学校教育在运行中,存在着多种可能的结果,且每个可能结果的形式是已知的,可能是好的结果,可能是坏的结果;可能是零风险,也可能是三级风险。但得到任何一个结果的概率是未知的。学校教育社会风险不确定性分析,是对事前无法控制的学校教育社会风险因素、风险因素变量在现实环境中的运动与变化程度及由风险事件导致的风险后果等所进行的研究和估计。通过分析以弄清和减少不确定性因素对教育和社会的影响,预测发展方向,控制、避免或防范教育社会风险的产生。

(三)脆弱性与威胁

脆弱性(vulnerability),是基欧汉和约瑟夫·奈在《权力与相互依赖》一书中提出的一个用于分析国际政治的概念,它是指改变相互依存的体系所带来的代价。它也可以被看做是违背或改变游戏规则所带来的代价。学校教育社会风险评估中的脆弱性,又称弱点或漏洞,是学校教育中存在的有可能可演变成教育风险事件和风险后果(损失)的薄弱环节。脆弱性存在于教育活动的各个环节与过程之中。在学校教育社会风险管理中,核心任务就是正确识别与控制或弥补脆弱性环节,以避免或控制学校教育社会风险事件或教育社会风险后果的产生。

威胁是风险的发起力量,是风险因素变量演化成风险事件、风险事件导致风险后果(损失)的发起与推动力量。学校教育社会风险威胁是学校教育社会风险的发起力量,是教育社会风险因素变量演化成教育社会风险事件、教育社会风险事件导致教育社会风险结果(损失)的发起力量和动力。威胁直接作用于脆弱性,威胁越大则风险越大。如,"工具教育"是一种学校教育社会风险事件,它对现代学校教育的本质直接构成了威胁,但这种威胁之所以奏效,取决于两个因素,一是权威部门的推动,二是受教育者的主动响应。可见,"工具教育"之所以奏效,正是其倡导者利用了一个东西,那就是学校教育的脆弱性——学校教育与人们的利益紧密相连,而人们又都有趋利避害的心理。

三、学校教育社会风险评估等级标准要素

学校教育社会风险评估等级标准要素是指学校教育社会风险评估标准的组成指标,即那些表示程度的或等级的指标及其构成的体系,是学校教育社会风险评估指标要素的组成部分。学校教育社会风险评估基本等级标准要素如下:

(一)学校教育社会风险程度与风险等级

风险程度又称损失程度,是指每发生一次事故导致标的毁损状况,即毁损价值占被毁损标的全部价值的百分比。学校教育社会风险程度也称为学校教育社会风险损失程度,是指每发生一次学校教育社会风险事件导致的对学校教育的性质和学校组织自身及对社会公民素质和社会发展的毁损状况,即毁损价值或程度占被毁损标的全部价值或程度的百分比。在现实社会中,学校教育社会风险程度和风险频率二者的关系比较复杂。有的风险程度(损失)很大,但风险频率不一定高;有的风险程度(损失)不大,但风险频率却很高。

等级是指"对功能用途相同但质量要求不同的产品、过程或体系所作的分类或分级"。[①] 风险等级是划分与标记风险程度的单位。学校教育社会风险等级是划分与标记学校教育社会风险程度的单位。本书认为,学校教育社会风险可以定性标示,也可以定量标示。定性一般标示为:大、小,强、弱,高、低等。定量一般用阿拉伯数字(0—3 级)标示。

(二)学校教育社会风险等级标准与评估标准

有关标准的定义不尽相同。中国国家标准化管理委员会关于标准的定义是:"标准是指在一定范围内获得的最佳秩序,对活动或其结果规定共同的和重复使用的规则、导则或特性的文件。该文件经协商一致并经一个公认机构的批准。"本书中风险等级标准是划分与标记风险程度的规则和达到的指标。学校教育社会风险等级标准则是为划分与标记学校教育社会风险程度而规定的规则和达到的指标,以供学校教育社会风险评估相关各方遵守和反复使用,是学校教育社会风险等级的衡量尺度。学校教育社会风险评估标准与学校教育社会风险等级标准不同。学校教育社会风险评估标准是对学校教育社会风险评估活动与过程规定的规则、导则和达到的特定指标,供学校教育社会风险评估各方遵守和反复使用,以确保学校教育社会风险评估活动最佳秩序和效果的实现,同时也是教育社会风险等级的衡量尺度。学校教育社会风险等级标准和学校教育社会风险评估标准一般应由公认机构制定并由国家标准权威管理部门批准。

---

① 国家质量技术监督局.中华人民共和国国家标准质量管理体系标准 GB/T19000–2000[S].北京:中国标准出版社,2001:8.

（三）学校教育社会风险频率与风险成本

风险频率又称损失频率，是指一定数量或质量的标的在确定的时间内发生事故的次数。学校教育社会风险频率也称学校教育社会风险损失频率，是指学校教育社会风险在一定的时间内发生的次数。学校教育社会风险在一定时间段内发生的次数越多，风险频率越高或越大，反之则越低或越小。在现实社会中，学校教育社会风险频率和风险程度二者的关系比较复杂。有时风险频率高，风险程度（损失）也大；有时风险频率低，但风险程度（损失）却大或很大。风险频率与风险程度没有本质的必然联系。

风险成本又称为风险代价，是指由于风险的存在和风险事件发生后人们所必须支出费用（包括精力）的增加和预期利益的减少，包括风险损失的实际成本、风险损失的无形成本和预防与控制风险损失的成本。学校教育社会风险成本也称学校教育社会风险代价，是指学校教育社会风险事件发生后，人们所必须支出费用与精力的增加和预期学校教育社会效益的折扣或减少，包括学校教育社会风险的实际成本（社会因素给学校教育带来的风险代价、学校教育给社会带来的风险代价）和学校教育社会风险管理成本两大方面。学校教育社会风险成本的表现形式有二：一是有形成本；二是无形成本。

（四）权重与参考权重

权重，又称加权平均数，是指在评估过程中对被评估对象的不同侧面的重要程度的定量分配，对各评估因子在总体评估中的作用进行的区别对待（事实上，有侧重点的评估才会更有意义）。参考权重即对各评估因子在总体评估中的作用的区别对待（重要程度的定量分配）是参考性的。学校教育社会风险评估权重，是指在学校教育社会风险评估活动过程中，对被评估对象的不同侧面的重要程度的定量分配，对各评估因子在总体评估中的作用进行的区别对待。学校教育社会风险评估的参考权重也是一个相对的概念，是针对学校教育社会风险评估中某一指标而言的，表示该指标在整体学校教育社会风险评估中的相对重要程度。

第二节　学校面临的教育社会风险评估指标

在统计学中，一个或一组可用于量度另一种不可或不易直接量度或观测的指数、因素、规格或标准称为指标，它是反映具有普遍意义与事物状况的量化数据，是事物现象数量化的科学范畴。学校教育社会风险评估指标，是指一个或一组可用于量度学校教育未来结果的不确定性或损失程度及其相关因素的指数、因素、规格或标准。学校教育社会风险评估指标可依据指标构成是否基于主观价值判断划分为主观指标和客观指标。主观指标是以人的主观价值判断为基础构成的指标；客观指标是以客观事实和数据为基础的指标。学校教育面临的教育社会风险是指社会上的各种相关因素、自然灾害及学校教育活动与管理本身等给学校教育带来某种危险的可能性与损失程度。学校教育面临的社会风险评估指标由学校外部因素导致的学校教育社会风险评估指标和学校内部因素导致的学校教育社会风险评估指标构成。学校教育面临的社会风险的评估指标的确定,实际上也是对来自学校外部的教育社会风险指标和来自学校内部的教育社会风险指标的识别、分析与评鉴过程。

一、来自学校外部的学校教育社会风险评估指标

来自学校教育外部的学校教育社会风险评估指标,是指那些来自学校外部的对学校教育具有潜在影响的评估指标及指标体系。本书认为,来自学校教育外部的学校教育社会风险评估指标由三大横向指标系统(即学校教育社会风险因素、学校教育社会风险事件、学校教育社会风险后果)与四大纵向指标体系(即社会教育观念、教育管理体制、教育法规政策、自然不可抗力)构成,详见表4-2-1。

表4-2-1　学校外部因素导致的学校教育社会风险评估指标

风险类别	风险种类	学校教育社会风险因素		学校教育社会风险事件	学校教育社会风险后果			
					一般风险		最终风险	
		一级指标	二级指标	主要观测点	教育本质风险	学校组织风险	教育本质风险	学校组织风险
学校教育面临的教育社会风险	学校外部因素导致的教育社会风险	社会教育观念	教育目的认识	教育目的认识水平	学校教育观念(偏差)	—	学校教育(失真)	学校组织(破产倒闭)
			教育功能理解	教育功能理解程度				
			教育价值观	教育价值取向				
		教育管理体制	管理机构设置	管理机构设置状况	学校管理体制(失切)	—	学校教育(失真)	学校组织(破产倒闭)
			教育决策机制	教育决策机制状况				
			教育领导体制	教育领导体制状况				
			办学投资体制	办学投资体制状况				
			招生考试体制	招生考试体制状况				

风险类别	风险种类	学校教育社会风险因素		学校教育社会风险事件	学校教育社会风险后果			
					一般风险		最终风险	
		一级指标	二级指标	主要观测点	教育本质风险	学校组织风险	教育本质风险	学校组织风险
学校教育面临的教育社会风险	学校外部因素导致的教育社会风险	教育法规政策	教育相关法律	教育相关法律状况	学校规章制度（失当）	—	学校教育（失真）	学校组织（破产倒闭）
			教育相关法规	教育相关法规状况				
			教育方针政策	教育政策科学程度				
		自然不可抗力	天灾	天灾防范意识与应对能力	财产（损失）人员（伤亡）	—	学校教育（失真）	学校组织（破产倒闭）
			人祸	人祸防范意识与应对能力				
			突发事件	突发事件处理能力				

（一）来自学校外部的学校教育社会风险因素指标

来自学校教育外部的学校教育社会风险评估一级指标有 4 个,包括社会教育观念、教育管理体制、教育法规政策、自然不可抗力。二级指标 14 个,其中一级指标的"社会教育观念"中有 3 个二级指标,即教育目的认识、教育功能理解、教育价值观;一级指标"教育管理体制"中有 5 个二级指标,即教育管理机构设置、教育决策机制、教育领导体制、办学投资体制、招生考试体制;一级指标"教育法规政策"中有 3 个二级指标,即教育相关法律、教育相关法规、教育方针政策;一级指标"自然不可抗力"中有 3 个二级指标,即天灾、人祸、突发事件。上述 4 个一级风险因素指标派生出的 14 个二级风险因素指标,会导致不同程度的学校教育社会风险事件的发生。

（二）来自学校外部的教育社会风险事件指标

来自学校外部的教育社会风险事件,也是学校教育风险评估的主要观测点。与一级指标"社会教育观念"有关的为三个风险事件,即教育目的认识水平、教育功能理解程度、教育价值取向;与一级指标"教育管理体制"有关的五个风险事件,即教育组织机构设置状况、教育决策机制状况、教育领导体制状况、办学投资体制状况、招生考试体制状况;与一级指标"教育法规政策"有关的三个风险事件,即教育相关法律状况、教育相关法规状况、教育科学程度;与一级指标"自然不可抗力"有关的三个风险事件,即天灾防范意识与应对能力、人祸防范意识与应对能力、突发事件处理能力。以上 14 个二级风险因素指标导致的学校教育社会风险事件会导致不同程度的学校教育社会风险后果。

(三)来自学校外部的教育社会风险后果指标

由学校外部因素导致的学校教育社会风险后果指标,主要表现在两大方面,即对学校教育本质的风险后果和对学校组织的风险后果。两大后果一般呈现为两种形态,即一般风险后果和最终风险后果。这些后果主要由四个方面的指标构成:一是,学校教育观念风险后果指标,即由于社会对教育目的认识错误、教育功能理解偏差、教育价值取向问题等导致学校教育观念的偏差(一般风险后果)指标,以及由此不良的社会导向可能使学校面临教育偏离正轨,教育本质失真等,甚至学校破产或倒闭(最终风险后果)的后果指标。二是,学校管理体制风险后果指标,即,由组织机构设置不合理、教育决策机制不当、教育领导体制不当、办学投资体制不科学、招生考试体制不科学等问题导致的教育体制失切(一般风险后果)指标,以及致使学校教育运行不畅、内外部公共关系紧张、缺乏办学自主权、资金短缺、办学形式单一、实施应试教育等而最终导致学校教育失真,甚至破产或倒闭(最终风险后果)的后果指标。三是,学校规章制度风险后果指标,即由教育法律法规不健全等问题导致的学校规章制度失当(一般风险后果)指标,以及由此造成应试教育、片面发展教育、工具教育、功利教育和非公平的教育等而最终导致学校教育背离教育本意,甚至破产或倒闭(最终风险后果)的后果指标。四是,财产损失及人员伤亡的风险后果指标,即由于对天灾、人祸、国际社会不利因素等不可抗力缺乏防范意识和有效的应对手段与措施,致使学校灾害防范无力、教育无序混乱、财产损失、人员伤亡,甚至学校破产倒闭(最终风险后果)的后果指标。学校教育社会风险主要对教育本质构成威胁,一般不会对学校组织构成威胁,发展到最终风险,则威胁到学校组织自身。

二、来自学校内部的学校教育社会风险评估指标

来自学校内部的学校教育社会风险评估指标是指那些来自学校内部的对学校教育具有潜在风险影响的评估指标及指标体系。本书认为,来自学校内部的学校教育社会风险评估指标由三大横向指标系统,即风险因素指标、风险事件指标(也称为主要观测点)和风险后果指标与纵向的七个一级指标构成。七个一级指标又派生出二十六个二级指标,详见表 4-2-2。

表 4 - 2 - 2　学校内部因素导致的学校教育社会风险评估指标

风险类别	风险种类	风险因素		风险事件	风险后果			
					一般风险		最终风险	
		一级指标	二级指标	主要观测点	教育本质风险	学校组织风险	教育本质风险	学校组织风险
学校教育面临的教育社会风险	学校内部因素导致的教育社会风险	学校教育理念	学校教育本质	教育本质认识水平	学校教育理念（错位）	—	学校教育（失真）	学校组织（破产倒闭）
			人才培养目标	人才培养目标定位				
			学校教育向往	学校教育追求				
			教育质量观念	教育质量认识与理解				
		学校基本条件	教育基础设施	教育基础设施状况	学校条件保障（不力）	—	学校教育（失真）	学校组织（破产倒闭）
			教育基本环境	教育基本环境条件				
			教育经费保障	教育经费保障状况				
			卫生安全保障	卫生安全意识与措施				
		学校课程资源	学科专业设置	学科专业设置状况	学校课程设置（混乱）	—	学校教育（失真）	学校组织（破产倒闭）
			学校课程决策	课程决策能力与水平				
			学校课程运作	课程运作模式				
		学校施教队伍	教师整体结构	教师整体结构状况	学校施教队伍（失衡）	—	学校教育（失真）	学校组织（破产倒闭）
			教师专业素质	教师专业素质与能力				
			教师道德素质	教师道德素质水平				
			教师职业道德	教师敬业精神				
		学校管理水平	学校管理理念	管理理念科学程度	学校教育管理（混乱低效）	—	学校教育（失真）	学校组织（破产倒闭）
			管理队伍素质	管理队伍素质状况				

风险类别	风险种类	风险因素		风险事件	风险后果			
					一般风险		最终风险	
		一级指标	二级指标	主要观测点	教育本质风险	学校组织风险	教育本质风险	学校组织风险
学校教育面临的教育社会风险	学校内部因素导致的教育社会风险	学校管理水平	管理工作措施	管理方法与手段	学校教育管理(混乱低效)	—	学校教育(失真)	学校组织(破产倒闭)
			管理工作质量	管理工作实效				
		学校教育活动	教育角色定位	师生角色定位与理解	学校教育活动(扭曲)	—	学校教育(失真)	学校组织(破产倒闭)
			教育教学方法	教育方式方法运用				
			教育教学途径	教育途径发掘利用				
			教学质量保障	教学质量保障措施				
		学校教育实效	教育教学质量	教育教学质量状况	学校教育质量(降低)	—	学校教育(失真)	学校组织(破产倒闭)
			科研创新实力	科研创新能力与水平				
			服务社会水平	社会影响力与美誉度				

（一）来自学校内部的学校教育社会风险因素指标

来自学校内部的学校教育社会风险评估一级指标 7 个,包括学校教育理念、学校基本条件、学校课程资源、学校施教队伍、学校管理水平、学校教育活动、学校教育实效。二级指标 26 个,其中一级指标"学校教育理念"中有 4 个二级指标,即学校教育本质、人才培养目标、学校教育向往、教育质量观念。一级指标"学校基本条件"中有 4 个二级指标,即教育基础设施、教育基本环境、教育经费保障、卫生安全措施。一级指标"学校课程资源"中有 3 个二级指标,即学科专业设置、学校课程决策、学校课程运作。一级指标中"学校施教队伍"有 4 个二级指标,即教师整体结构、教师专业素质、教师道德素质、教师职业道德。一级指标"学校管理水平"中有 4 个二级指标,即学校管理理念、管理队伍素质、管理工作措施、管理工作质量。一级指标"学校教育活动"中有 4 个二级指标,即教育角色定位、教育教学方法、教育教学途径、教学质量保障。一级指标"学校教育实效"中有 3 个二级指标,即教育教学质量、科研创新能力、服务社会水平。上述 7 个一级风险因素指标派生出的 26 个二级风险因素指标,是来自学校内部的学校教育社会风险事件发生的基本因素。

（二）来自学校内部的学校教育社会风险事件指标

来自学校内部的学校教育社会风险事件,也是评估学校教育社会风险的主要观测点。与一级指标学校教育理念有关的为 4 个风险事件,即学校教育本质认识水平、人才培养目标定位、学校教育追求、教育质量认识与理解。与一级指标"学校基本条件"有关的 4 个风险事件,即教育基础设施状况、教育基本环境条件、教育经费保障状况、卫生安全意识与措施。与一级指标"学校课程资源"有关的 3 个风险事件,即学科专业设置状况、课程决策能力与水平、课程运作模式。与一级指标"学校施教队伍"有关的 4 个风险事件,即教师整体结构状况、教师专业素质与能力、教师道德素水平、教师敬业精神。与一级指标"学校管理水平"有关的 4 个风险事件,即管理理念科学程度、管理队伍素质状况、管理方法与手段、管理工作质量。与一级指标"学校教育活动"有关的 4 个风险事件,即师生角色定位与理解、教育方式方法运用、教育途径发掘利用、教学质量保障措施。与一级指标"学校教育实效"有关的 3 个风险事件,即教育教学质量状况、科研创新实力、社会影响力与美誉度。由二级风险因素指标导致的上述学校教育社会风险事件,是导致不同程度的学校教育社会风险后果发生的直接原因。

（三）来自学校内部的学校教育社会风险后果指标

由学校内部因素导致的学校教育社会风险后果指标,主要表现在两大方面,即对学校教育本质的风险后果和对学校组织的风险后果。两大后果一般呈现为两种形态,即一般风险后果和最终风险后果。学校教育社会风险主要对教育本质构成威胁,一般不会对学校组织构成威胁,发展到最终风险,则威胁到学校组织自身。学校教育社会风险主要表现在七个方面:一是,学校教育理念错位风险后果指标,即由于学校自身对学校教育本质认识错误、人才培养目标确定不妥、学校教育追求不当及教育质量观念的偏差,而导致学校教育理念错位（一般风险后果）指标,以及由此致使学校教育失真,甚至学校破产倒闭（最终风险后果）的后果指标。二是,学校条件保障不力风险后果指标,即由于教育基础设施、教育基本环境、教育经费保障、卫生安全措施差或未及标准等,致使学校面临条件保障不力、人身财产安全问题（一般风险后果）的指标,以及由此致使学校教育失真,甚至学校破产倒闭（最终风险后果）的后果指标。三是,学校课程设置混乱风险后果指标,即由于学科专业规划与设置不合理、学校课程决策水平不高、学校课程开设不科学等致使学校面临课程设置混乱、教育质量低下（一般风险后果）的后果指标,以及由此致使学校教育失真,甚至学校破产倒闭（最终风险后果）的后果指标。四是,学校施教队伍失衡风险后果指标,即由于教师整体结构不合理、教师专业素质、教师道德素质低下、教师敬业精神不强等,致使学校面临施教队伍失衡（一般风险后果）的后果指标,以及由此致使学校教育失真,甚至学校破产倒闭（最终风险后果）的后果指标。五是,学校管理混乱低效风险后果指标,即由于学校管理不科学、管理队伍素质差、管理方式方法不科学、管理工作实效低下等,致使学校面临管理失策(一般风险后果)指标,以及由此致使学校教育失真,甚至学校破产倒闭(最终风险后果)的后果指标。六是,学校教育活动扭曲风险后果指标,即由于师生角色定位偏差、教学方式方法不科学、教学途径单调、教学质量保障不健全合理,致使学校面临教育活动扭曲(一般风险后果)指标,以及由此致使学校教育失真,甚至学校破产倒闭(最终风险后果)的后果指标。七是,学校教育质量降低风险后果指标,即由于学校教育教学质量不高、科研创新能力不强、社会影响力和美誉度差等,致使学校面临教育水平降低(一般风险后果)的后果指标,以及由此致使学校教育失真,甚至学校破产倒闭(最终风险后果)的后果指标。

第三节　学校教育带给社会的风险评估指标

学校面临各种教育社会风险,同样学校教育也会给社会带来一定的风险。研究学校教育可能给社会带来的某些风险,其目的就是正确识别风险因素,控制或减少风险因素演变成为风险事件,进而防止风险后果的发生和有效应对已发生的风险。学校教育对社会的潜在风险主要表现在两大层面:一是学校教育对社会公民素质的风险;二是学校教育对社会发展的风险。学校教育促进公民素质的提高,进而促进社会发展进程,而公民素质、社会发展又直接影响社会秩序,甚至社会组织结构。学校教育带给社会的风险评估指标是指用于量度学校教育带给社会公民素质和社会发展进程风险的可能性或损失程度及其相关因素的一个或一组指数、因素、规格或标准。学校教育带给社会的风险即对公民素质和社会发展进程的风险,评估指标由横向的风险因素指标、风险事件指标、风险后果指标与纵向的 8 个一级指标和由其派生出来的 27 个二级指标构成,详见表 4 - 3 - 1。

一、学校教育对社会的风险因素指标

学校教育社会风险因素是学校教育社会风险的构成的要素,是风险形成的必要条件。学校教育对社会的风险因素指标,即对公民素质的风险因素指标和对社会发展进程的风险因素指标。学校教育对社会的风险因素由 8 个一级指标和 27 个二级指标构成。8 个一级指标是:学校教育观念、学校办学条件、学科专业规划、学校课程设置、学校施教队伍、学校教育过程、学校管理水平和人才培养战略。这 8 个一级指标又派生出来 27 个二级指标。其中一级指标"学校教育观念"派生出学校办学理念、学校教育目标、学校质量方针 3 个二级指标;一级指标"学校办学条件"派生出教育基础设施、教育基本环境、学校教育经费 3 个二级指标;一级指标"学科专业规划"派生出学科发展规划、专业规划建设、学科专业设置 3 个二级指标;一级指标"学校课程设置"派生出学校课程理念、学校课程决策、学校课程开设 3 个二级指标;一级指标"学校施教队伍"派生出教师整体结构、教师专业素质、教师道德素质、教师职业素质 4 个二级指标;一级指标"学校教育过程"派生出教学指导思想、教学方式方法、教学途径利用、教学质量评价 4 个二级指标;一级指标"学校管理水平"派生出学校管理理念、学校管理方法、卫生安全机制、质量管理体系 4 个二级指标;一级指标"人才培养战略"派生出人才培养目标、人才培养结构、人才培养模式 3 个二级指标。上述 8 个一级指标和 27 个二级指标是学校教育对社会潜在的风险因素,如控制不当会导致不同程度的风险事件。

表 4-3-1　学校教育对社会的风险评估指标

学校教育社会风险类别	风险因素		风险事件	风险后果与等级			
	一级指标	二级指标	观测点与等级(B、Y、O、R)	一般风险(B、Y、O、R)		最终风险(B、Y、O、R)	
				对公民	对社会	对公民	对社会
学校教育对社会的风险(RSES)	学校教育观念	学校办学理念	办学理念的科学性	学生素质发展	社会发展进程	公民素质	社会发展进程
		学校教育目标	教育目标适宜程度				
		学校质量方针	质量方针的合理性				
	学校办学条件	教育基础设施	教育基础设施状况	学生素质发展	社会发展进程	公民素质	社会发展进程
		教育基本环境	教育基本环境条件				
		学校教育经费	教育经费保障机制				
	学科专业规划	学科发展规划	学科规划建设状况	学生素质发展	社会发展进程	公民素质	社会发展进程
		专业规划建设	专业规划建设状况				
		学科专业设置	学科专业的合理性				

学校教育社会风险类别	风险因素		风险事件	风险后果与等级			
	一级指标	二级指标	观测点与等级（B、Y、O、R）	一般风险（B、Y、O、R）		最终风险（B、Y、O、R）	
				对公民	对社会	对公民	对社会
学校教育对社会的风险（RSES）	学校课程设置	学校课程理念	课程理念科学程度	学生素质发展	社会发展进程	公民素质	社会发展进程
		学校课程决策	课程决策机制水平				
		学校课程开设	学校课程开设门类				
	学校施教队伍	教师整体结构	教师整体结构状况	学生素质发展	社会发展进程	公民素质	社会发展进程
		教师专业素质	教师专业素质水平				
		教师道德素质	教师道德素质状况				
		教师职业素质	职业感与敬业精神				
	学校教育过程	教学指导思想	教学指导思想定位	学生素质发展	社会发展进程	公民素质	社会发展进程
		教学方式方法	教学方法运用情况				
		教学途径利用	教学途径利用情况				
		教学质量评价	教学质量评价机制				
	学校管理水平	学校管理理念	管理理念的科学性	学生素质发展	社会发展进程	公民素质	社会发展进程
		学校管理方法	管理方法的科学性				

学校教育社会风险类别	风险因素		风险事件	风险后果与等级			
	一级指标	二级指标	观测点与等级（B、Y、O、R）	一般风险（B、Y、O、R）		最终风险（B、Y、O、R）	
				对公民	对社会	对公民	对社会
学校教育对社会的风险（RSES）	学校管理水平	卫生安全机制	卫生安全措施状况	学生素质发展	社会发展进程	公民素质	社会发展进程
		质量管理体系	质量管理体系状况				
	人才培养战略	人才培养目标	人才培养目标定位	学生素质发展	社会发展进程	公民素质	社会发展进程
		人才培养结构	人才培养结构特征				
		人才培养模式	人才培养模式状况				

二、学校教育对社会的风险事件指标

学校教育社会风险事件是学校教育社会风险因素变量在环境中的变化状态与程度，是导致学校教育社会风险后果的事件。学校教育社会风险因素和风险事件是导致学校教育社会风险后果的间接原因和直接原因。学校教育社会风险的评估当然应把这两大因素（广义的风险因素）确定为重点，即识别学校教育社会风险因素，控制学校教育社会风险事件。学校教育社会风险事件本质上是风险因素，是风险因素的在现实环境中的一种变化状态与程度。也就是说，学校教育风险事件是27个风险因素（二级指标）的发展变化状态。27个风险因素变量会形成27个各自不同程度等级的风险事件，包括办学理念的科学性、教育目标适宜程度、质量方针的合理性；教育基础设施状况、教育基本环境条件、教育经费保障机制；学科规划建设状况、专业规划建设状况、学科专业的合理性；课程理念科学程度、课程决策机制水平、学校课程开设门类；教师整体结构状况、教师专业素质水平、教师道德素质状况、职业感与敬业精神；教学指导思想定位、教学方法运用情况、教学途径利用情况、教学质量评价机制；管理理念的科学性、管理方法的科学性、卫生安全措施状况、质量管理体系状况；人才培养目标定位、人才培养结构特征、人才培养模式状况。这27个风险事件（不包括零风险事件）会给社会（主要表现在对公民素质和社会发展进程)带来潜在的威胁。正确而理性地识别风险因素,从而有效地预防或控制其演化为不利的风险事件正是学校教育的职责与使命,也是学校教育社会风险管理的初衷。

三、学校教育对社会的风险后果指标

学校教育社会风险后果也称学校教育社会风险损失,是学校教育社会风险的结果表现形态,是学校教育社会风险的重要构成要素。学校教育对社会的风险后果指标,由一般风险后果指标和最终风险后果指标构成,主要表现在两个方面。一是,不利的学校教育风险事件对公民整体素质潜在的不良影响和危害的可能性与程度后果指标,主要表现在对公民文化素质、道德素质、科学素质、思想意识等的影响结果,在一般风险后果中,表现为对学生整体素质影响的后果指标;在最终风险后果中,表现为对公民素质影响的后果指标。二是,不良的学校教育风险事件对社会发展进程潜在的影响和危害的可能性与程度后果指标,主要表现在对社会的政治、经济、文化等发展进程带来的或潜在的不良影响和危害的可能性与程度,在一般风险后果中,不良的学校教育风险事件对社会发展进程的影响后果主要直接通过学生的素质、能力,对社会的影响体现出来;在最终风险后果中,不良的学校教育风险事件对社会发展进程的影响后果主要通过公民素质体现出来。

总之,本书认为,研究分析学校教育对社会的风险评估,从风险因素、风险事件、风险后果三因素考察尤为重要。对学校教育社会风险因素的评估,其目的是事前防范;对学校教育社会风险事件的评估,其目的是事发处理;而对学校教育社会风险后果的评估目的是事后补救。

第四节 学校教育社会风险评估指标体系构成

学校教育社会风险评估指标体系(index system for assessment of social risk of school education,ISASRSE)由学校面临的教育社会风险评估指标体系(index system for assessment of social risk of education to schools,ISASRES)和学校教育对社会的风险评估指标体系(index system for assessment of risk of school education to society,ISARSES)构成。

一、学校面临的教育社会风险评估指标体系

学校教育面临的社会风险评估指标体系由学校外部因素导致的学校教育社会风险评估指标体系(index system for assessment of social risk of school education from school externals,ISASRSESE)和学校内部因素导致的学校教育社会风险评估指标体系(index system of assessment of social risks of school education from school internals,ISASRSESI)构成。

（一）学校面临的学校教育社会风险评估指标体系表解(见表4-4-1)

表4-4-1 学校面临的学校教育社会风险评估指标体系

学校教育社会风险的类别	学校教育社会风险种类	风险因素				风险事件	风险后果			
		一级指标		二级指标		观测点与等级（B、Y、O、R）	一般风险与等级（B、Y、O、R）		最终风险与等级（B、Y、O、R）	
		指标内容	权重	指标内容	权重		教育本质风险	学校组织风险	教育本质风险	学校组织风险
学校教育面临的教育社会风险（SRSES）	学校外部因素导致的教育社会风险（SRSESE）	社会教育观念（A1）	0.5	教育目的认识（B1）	0.3	教育目的认识水平	学校教育观念（偏差）	—	学校教育（失真）	学校组织（破产倒闭）
				教育功能理解（B2）	0.3	教育功能理解程度				
				教育价值观（B3）	0.4	教育价值取向				
		教育管理体制（A2）	0.5	管理机构设置（B4）	0.2	管理机构设置状况	学校管理体制（失切）	—	学校教育（失真）	学校组织（破产倒闭）
				教育决策机制（B5）	0.2	教育决策机制状况				
				教育领导体制（B6）	0.2	教育领导体制状况				
				办学投资体制（B7）	0.2	办学投资体制状况				
				招生考试体制（B8）	0.2	招生考试体制状况				
		教育法规政策（A3）	1.0	教育相关法律（B9）	0.3	教育相关法律状况	学校规章制度（失当）	—	学校教育（失真）	学校组织（破产倒闭）
				教育相关法规（B10）	0.3	教育相关法规状况				
				教育方针政策（B11）	0.4	教育政策科学程度				

学校教育社会风险的类别	学校教育社会风险种类	风险因素				风险事件	风险后果			
		一级指标		二级指标			一般风险与等级(B、Y、O、R)		最终风险与等级(B、Y、O、R)	
		指标内容	权重	指标内容	权重	观测点与等级(B、Y、O、R)	教育本质风险	学校组织风险	教育本质风险	学校组织风险
学校教育面临的教育社会风险(SRSES)	学校外部因素导致的教育社会风险(SRSESE)	自然不可抗力(A4)	1.0	天灾(B12)	0.4	天灾防范意识与应对能力	财产(损失)人员(伤亡)	—	学校教育(失真)	学校组织(破产倒闭)
				人祸(B13)	0.3	人祸防范意识与应对能力				
				突发事件(B14)	0.3	突发事件处理能力				
	学校内部因素导致的教育社会风险(SRSESI)	学校教育理念(A5)	1.0	学校教育本质(B15)	0.2	教育本质认识水平	学校教育理念(错位)	—	学校教育(失真)	学校组织(破产倒闭)
				人才培养目标(B16)	0.2	人才培养目标定位				
				学校教育向往(B17)	0.3	学校教育追求				
				教育质量观念(B18)	0.3	教育质量认识与理解				
		学校基本条件(A6)	1.0	教育基础设施(B19)	0.2	教育基础设施状况	学校条件保障(不力)	—	学校教育(失真)	学校组织(破产倒闭)
				教育基本环境(B20)	0.3	教育基本环境条件				
				教育经费保障(B21)	0.2	教育经费保障措施				

学校教育社会风险的类别	学校教育社会风险种类	风险因素				风险事件	风险后果			
		一级指标		二级指标		观测点与等级（B、Y、O、R）	一般风险与等级（B、Y、O、R）		最终风险与等级（B、Y、O、R）	
		指标内容	权重	指标内容	权重		教育本质风险	学校组织风险	教育本质风险	学校组织风险
学校教育面临的教育社会风险（SRSES）	学校教育内部因素导致的教育社会风险（SRSESI）	学校基本条件（A6）	1.0	卫生安全措施（B22）	0.3	卫生安全意识与措施	学校条件保障（不力）	—	学校教育（失真）	学校组织（破产倒闭）
		学校课程资源（A7）	1.0	学科专业设置（B23）	0.3	学科专业设置状况	学校课程设置（混乱）	—	学校教育（失真）	学校组织（破产倒闭）
				学校课程决策（B24）	0.3	课程决策与运作水平				
				学校课程运作（B25）	0.4	课程运作模式				
		学校施教队伍（A8）	1.0	教师整体结构（B26）	0.2	教师整体结构状况	学校施教队伍（失衡）	—	学校教育（失真）	学校组织（破产倒闭）
				教师专业素质（B27）	0.3	教师专业素质与能力				
				教师道德素质（B28）	0.2	教师道德素质水平				
				教师敬业精神（B29）	0.3	教师敬业精神				
		学校管理水平（A9）	1.0	学校管理理念（B30）	0.2	管理理念科学程度	学校管理（混乱低效）	—	学校教育（失真）	学校组织（破产倒闭）
				管理队伍素质（B31）	0.2	管理队伍素质状况				

学校教育社会风险的类别	学校教育社会风险种类	风险因素				风险事件	风险后果			
		一级指标		二级指标		观测点与等级（B、Y、O、R）	一般风险与等级（B、Y、O、R）		最终风险与等级（B、Y、O、R）	
		指标内容	权重	指标内容	权重		教育本质风险	学校组织风险	教育本质风险	学校组织风险
学校教育面临的教育社会风险（SRSES）	学校内部因素导致的教育社会风险（SRSESI）	学校管理水平（A9）	1.0	管理方式方法（B32）	0.3	管理方法与手段	学校管理（混乱低效）	—	学校教育（失真）	学校组织（破产倒闭）
				管理工作实效（B33）	0.3	管理工作实效				
		学校教育活动（A10）	1.0	师生角色定位（B34）	0.2	师生角色定位与理解	学校教育活动（扭曲）	—	学校教育（失真）	学校组织（破产倒闭）
				教育教学方法（B35）	0.3	教育方式方法运用				
				教育教学途径（B36）	0.2	教育途径发掘利用				
				教学质量保障（B37）	0.3	教学质量保障措施				
		学校教育实效（A11）	1.0	教育教学质量（B38）	0.4	教育教学质量状况	学校教育质量（降低）	—	学校教育（失真）	学校组织（破产倒闭）
				科研创新能力（B39）	0.3	科研创新能力与水平				
				服务社会水平（B40）	0.3	社会影响与美誉度				

（二）学校面临的教育社会风险评估指标体系说明

由于学校教育社会风险评估是对"可能性"或"后果"的判定,因此,各个单项的程度等级与整体评估等级同等重要,一般不宜用简单相加来说明问题。学校教育社会风险评估权重是在学校教育社会风险评估活动过程中,对被评估对象不同侧面的重要程度的定量分配,对各评估因子在总体评估中的作用进行的区别对待。

二级指标与学校教育风险事件同为主要观测点,评估组中各位专家根据一定的教育观与社会发展观、相关法律法规要求、有关标准等,判定二级指标变量发展所及程度等级,即风险事件的程度等级。根据风险事件的程度等级判定可能的风险后果程度,或根据风险后果程度,反推风险事件的程度等级。

"风险事件"有四个等级,即0-3级(具体等级程度内容在《学校教育社会风险评估等级标准的研究》中阐释),分别用四个表示颜色的英文单词 Blue(蓝色)、Yellow(黄色)、Orange(橙色)、Red(红色)的词首字母标示。"B"为零级风险(无风险),"Y"为1级风险(可能性或损失较小),"O"为2级风险(可能性或损失较大),"R"为3级风险(可能性或损失很大)。若要予以量化统计,可将"B"、"Y"、"O"、"R"四个等级程度分别赋予数值,然后对风险事件指标进行加权求和量化处理,再按得分确定风险事件的程度等级。风险事件系威胁,它可能会给学校教育本身带来某种程度的风险,通过对风险事件的评估,最后确定风险事件对学校教育和学校组织的风险程度与等级。

由学校内外部因素变量演变成的学校教育社会风险事件,会对学校教育产生不同程度的风险后果,归根结底表现在两大方面:一是对学校教育本质的风险后果;二是对学校组织本身的风险后果。两大后果一般呈现为两种形态,即一般风险后果和最终风险后果。一般社会风险后果,主要对教育本质产生的后果,一般不会对学校组织本身构成很大的威胁。故此,本指标体系用"—"来标示。当发展到最终风险,后果不但作用于学校教育,而且还会殃及学校组织自身,这是学校教育社会风险的特性使然。

风险后果也划分为四个等级,即0-3级,分别用四个表示颜色的英文单词 Blue(蓝色)、Yellow(黄色)、Orange(橙色)、Red(红色)的词首字母标示。"B"为零级风险(无风险),"Y"为1级风险(可能性或损失较小),"O"为2级风险(可能性或损失较大),"R"为3级风险(可能性或损失很大)。若要予以量化统计,可将"B"、"Y"、"O"、"R"四个等级程度分别赋予数值,然后对"风险后果"指标进行加权求和量化处理,再按得分确定风险后果的程度等级。

二、学校教育对社会的风险评估指标体系

本研究把学校教育作为一个大的风险要素变量来考察其对公民整体素质、社会发展进程的风险的可能性与程度,以便促使学校明白该如何做才能确保对公民素质和社会发展进程零风险,或减少对社会的风险,从而促使人们更好地为社会服务,更好地承担起造福子孙后代的责任。本书有8大一级指标,并由此派生出27个二级指标,可能导致不同程度的学校教育社会风险事件的发生,从对公民素质和社会发展进程构成风险的要素进行划分。

（一）学校教育对社会的风险评估指标体系表解（见表4－4－2）

表4－4－2 学校教育对社会的风险评估指标体系

学校教育社会风险类别	风险因素				风险事件	风险后果与等级			
	一级指标		二级指标		观测点与等级（B、Y、O、R）	一般风险（B、Y、O、R）		最终风险（B、Y、O、R）	
	指标内容	权重	指标内容	权重		对公民	对社会	对公民	对社会
学校教育对社会的风险（RSES）	学校教育观念（A1）	1.0	学校办学理念（B1）	0.3	办学理念的科学性	学生素质发展	社会发展进程	公民素质	社会发展进程
			学校教育目标（B2）	0.4	教育目标适宜程度				
			学校质量方针（B3）	0.3	质量方针的合理性				
	学校办学条件（A2）	1.5	教育基础设施（B4）	0.3	教育基础设施状况	学生素质发展	社会发展进程	公民素质	社会发展进程
			教育基本环境（B5）	0.3	教育基本环境条件				
			学校教育经费（B6）	0.4	教育经费保障机制				
	学科专业规划（A3）	1.0	学科发展规划（B7）	0.3	学科规划建设状况	学生素质发展	社会发展进程	公民素质	社会发展进程
			专业规划建设（B8）	0.3	专业规划建设状况				
			学科专业设置（B9）	0.4	学科专业的合理性				
	学校课程设置（A4）	1.5	学校课程理念（B10）	0.3	课程理念科学程度	学生素质发展	社会发展进程	公民素质	社会发展进程
			学校课程决策（B11）	0.3	课程决策机制水平				
			学校课程开设（B12）	0.4	学校课程开设门类				
	学校施教队伍（A5）	1.5	教师整体结构（B13）	0.2	教师整体结构状况	学生素质发展	社会发展进程	公民素质	社会发展进程
			教师专业素质（B14）	0.3	教师专业素质水平				

学校教育社会风险类别	风险因素				风险事件	风险后果与等级			
	一级指标		二级指标		观测点与等级	一般风险(B、Y、O、R)		最终风险(B、Y、O、R)	
	指标内容	权重	指标内容	权重	(B、Y、O、R)	对公民	对社会	对公民	对社会
学校教育对社会的风险(RSES)	学校施教队伍(A5)	1.5	教师道德素质(B15)	0.2	教师道德素质状况	学生素质发展	社会发展进程	公民素质	社会发展进程
			教师职业素质(B16)	0.3	职业感与敬业精神				
	学校教育过程(A6)	1.5	教学指导思想(B17)	0.2	教学指导思想定位	学生素质发展	社会发展进程	公民素质	社会发展进程
			教学方式方法(B18)	0.3	教学方法运用情况				
			教学途径利用(B19)	0.3	教学途径利用情况				
			教学质量评价(B20)	0.2	教学质量评价机制				
	学校管理水平(A7)	1.0	学校管理理念(B21)	0.2	管理理念的科学性	学生素质发展	社会发展进程	公民素质	社会发展进程
			学校管理方法(B22)	0.3	管理方法的科学性				
			卫生安全机制(B23)	0.3	卫生安全措施状况				
			质量管理体系(B24)	0.2	质量管理体系状况				
	人才培养战略(A8)	1.0	人才培养目标(B25)	0.3	人才培养目标定位	学生素质发展	社会发展进程	公民素质	社会发展进程
			人才培养结构(B26)	0.4	人才培养结构特征				
			人才培养模式(B27)	0.3	人才培养模式状况				

（二）学校教育对社会的风险评估指标体系说明

由于学校教育社会风险评估是对"可能性"或"后果"的判定，因此，各个单项的程度等级与整体评估等级同等重要。学校教育社会风险评估权重是在学校教育社会风险评估活动过程中,对被评估对象不同侧面的重要程度的定量分配,对各评估因子在总体评估中的作用进行的区别对待。

二级指标与学校教育风险事件同为主要观测点,评估组中各位专家根据一定的教育观与社会发展观、相关法律法规要求、有关标准等,判定二级指标变量发展所及程度等级,即风险事件的程度等级。根据风险事件的程度等级判定可能的风险后果程度,或根据风险后果程度,反推风险事件的程度等级。

"风险事件"划分为四个等级,即0-3级(具体等级程度内容在《学校教育社会风险评估等级标准的研究》中阐释),分别用四个表示颜色的英文单词 Blue(蓝色)、Yellow(黄色)、Orange(橙色)、Red(红色)的词首字母标示。"B"为零级风险(无风险),"Y"为1级风险(可能性或损失较小),"O"为2级风险(可能性或损失较大),"R"为3级风险(可能性或损失很大)。若要予以量化统计,可将"B"、"Y"、"O"、"R"四个等级程度分别赋予数值,然后对风险事件指标进行加权求和量化处理,再按得分确定风险事件的程度等级。风险事件系威胁,它可能会给社会带来某种程度的风险,通过对风险事件的评估,最后确定风险事件对公民整体素质和社会发展的风险程度与等级。

在学校教育对社会的风险评估指标中,27个二级指标因素可能导致不同程度的学校教育社会风险事件的产生,这些不利的风险事件会给社会带来不同程度的风险后果,主要表现在两大方面:一是对公民素质的风险后果,即对公民思想素质、文化素质、科学素质、道德素质等的风险后果;二是对社会发展进程的风险后果,主要表现在对社会的政治、经济、文化、科技等发展进程的风险后果。两大风险后果呈现为两种形态,即一般风险后果和最终风险后果。一般风险后果主要是给学生综合素质发展带来的后果,一般不会对社会发展进程带来明显的或大的影响和后果。当发展到最终风险,后果不但作用于公民素质,而且还会成为影响社会发展进程的重要因素之一,这是由学校教育社会风险的性质所决定的。

风险后果划分为四个等级,即0-3级,分别用四个表示颜色的英文单词 Blue(蓝色)、Yellow(黄色)、Orange(橙色)、Red(红色)的词首字母标示。"B"为零级风险(无风险),"Y"为1级风险(可能性或损失较小),"O"为2级风险(可能性或损失较大),"R"为3级风险(可能性或损失很大)。若要予以量化统计,可将"B"、"Y"、"O"、"R"四个等级程度分别赋予数值,然后对"风险后果"指标进行加权求和量化处理,再按得分确定风险后果的程度与等级。

第五章 学校教育社会风险评估的实施

《国家中长期教育改革和发展规划纲要(2010—2020年)》明确指出:"加强师生安全教育和学校安全管理,提高预防灾害、应急避险和防范违法犯罪活动的能力。加强校园和周边环境治安综合治理,为师生创造安定有序、和谐融洽、充满活力的工作、学习、生活环境。"如何运用风险评估的手段加强校园综合治理,营造一个有利于师生发展的校园文化环境,愈发成为当前我国教育教学改革与发展过程中一个不容回避的问题。但就如何有效推进学校教育社会风险评估工作来说,却有两个关键性问题需要首先予以解决:一是谁来实施学校教育社会风险评估,即学校教育社会风险评估的主体,是政府、学校还是其他利益相关者?这需要进行分析和研究;二是如何实施学校教育社会风险评估,即需要明确实施学校教育社会风险评估的依据、步骤、流程、方法、工具等一系列重要因素,并在此基础上推进学校教育社会风险工作的监控与管理,从而为师生提供一个健康、安全、和谐的工作、学习和生活环境。

第一节 学校教育社会风险评估的主体

任何一项评估活动的展开,都必须有其明确的评估主体。评估主体即实施风险评估工作的个人或组织。评估主体负责评估活动的组织和实施,是开展风险评估的核心。本节将在分析学校教育社会风险评估主体的基础上,阐述不同评估主体的职责及其相互关系。

一、学校教育社会风险评估主体的构成与关系

对学校教育社会风险评估来说,由于其评估工作涉及多个利益主体,因此,评估主体也应该体现或代表这些利益主体,即学校教育社会风险评估主体应该是多元的,包括政府(具体表现为各级教育行政管理部门)、学校和其他利益相关者等三类主体。三者所承担评估的职责和权限不同。政府侧重制定和完善相关法规,并以此引导和监控学校的教育社会风险评估工作;学校侧重自我风险评估;其他利益相关者,如教育中介组织等社会力量,也应在推进学校教育社会风险评估工作过程中发挥实质性作用。

(一)学校教育社会风险评估的主体构成

1. 政府

目前我国教育的办学主体出现了多元化的趋势,特别是自 2002 年《中华人民共和国民办教育促进法》颁布之后,国家公共财政及非国家财政资金举办的各级各类学校都得到了长足的发展。根据《中华人民共和国教育法》(以下简称《教育法》)、《中华人民共和国义务教育法》(以下简称《义务教育法》)、《中华人民共和国高等教育法》(以下简称《高等教育法》)、《中华人民共和国民办教育促进法》(以下简称《民办教育促进法》)等相关教育法律法规的规定,不管是公办学校,还是民办学校以及中外合作办学机构,都必须接受政府的管理和监督,从而为受教育者提供一个安全、健康、可持续发展的学校环境。这既是办学主体的责任,同样也是政府的职责。同理,与各办学主体一样,政府也应是学校教育社会风险评估的重要实施主体,承担着相应的、义不容辞的责任。以下就有着"教育法母法"之称的《教育法》中的有关条款来阐述政府这一主体的责任。

《教育法》第 14 条规定:"国务院和地方各级人民政府根据分级管理、分工负责的原则,领导和管理教育工作。中等及中等以下教育在国务院领导下,由地方人民政府管理。高等教育由国务院和省、自治区、直辖市人民政府管理。"第 15 条同时规定:"国务院教育行政部门主管全国教育工作,统筹规划、协调管理全国的教育事业。县级以上地方各级人民政府教育行政部门主管本行政区域内的教育工作。县级以上各级人民政府其他有关部门在各自的职责范围内,负责有关的教育工作。"此外,《教育法》还明确规定了违反法律法规的法律责任。如第 72 条规定:"结伙斗殴,寻衅滋事,扰乱学校及其他教育机构教育教学秩序或者破坏校舍、场地及其他财产的,由公安机关给予治安管理处罚;构成犯罪的,依法追究刑事责任。侵占学校及其他教育机构的校舍、场地及其他财产的,依法承担民事责任。"以上法律条款明确了政府在学校教育社会风险管理过程中应该承担的法律责任和义务。

2. 学校

学校是办学的主体,是贯彻国家教育方针、完成教育教学计划的实施者。所以,在开展学校教育风险评估工作方面,学校理应是评估的重要主体,承担着维持正常的教育教学秩序、保障师生健康安全方面的职责。这方面,国家的有关法律法规也有很明确的规定。如《教育法》第 73 条规定:"明知校舍或者教育教学设施有危险而不采取措施,造成人员伤亡或者重大财产损失的,对直接负责的主管人员和其他直接责任人员,依法追究刑事责任。"

为此,学校必须明确其自身在学校教育社会风险评估工作中的主体地位,做好风险评估以及相应的整改工作,做到防患于未然。如 2008 年汶川大地震中的安县桑枣中学和 2010 年的青海玉树大地震中的玉树县第一民族中学,给人们树立了学校风险预防和学校安全管理的榜样。两校在大地震中无一师生伤亡,创造了奇迹。在巨大的自然灾害面前,这两所学校能幸免于难,有两点值得人们关注:其一,学校经常进行安全隐患排查整改,提高风险预防能力。在汶川大地震之前,桑枣中学经常排查隐患,并维修、加固教学楼,使危房得以彻底整治。① 其二,学校高度重视安全工作,并能够在学校的日常管理中进行紧急避险训练,从而提高了师生的风险意识。如自汶川大地震和湘潭学校踩踏事件发生后,青海玉树第一民族中学就曾多次组织学生进行地震逃生演练。② 这两个案例告诉人们,学校的自我风险预防和管理举措,是加强学校教育风险管理的重要环节和途径,学校应该是学校教育社会风险管理的重要主体。

3. 社会力量

我国学校教育管理体制改革的深入和人民群众对学校教育的多元诉求,催生了学校风险评估主体的多元化,即社会力量参与其中,社会力量参与办学并协同管理。在这方面,国家的有关法律法规也有规定。如 1990 年我国发布的《普通高等学校教育评估暂行规定》(以下简称《暂行规定》)第 6 条规定:"普通高等学校教育评估是国家对高等学校实行监督的重要形式,由各级人民政府及其教育行政部门组织实施。在学校自我评估的基础上,以组织党政有关部门和教育界、知识界以及用人部门进行的社会评估为重点,在政策上体现区别对待、奖优罚劣的原则,鼓励学术机构、社会团体参加教育评估。"1995 年我国颁布实施的《教育法》第 24 条明文规定:"国家实行教育督导制度和学校及其他教育机构教育评估制度。"1999 年6 月我国发布的《中共中央国务院关于深化教育改革全面推进素质教育的决定》进一步强调了要在我国建立健全教育中介组织。2001 年我国颁布的《中共中央国务院关于深化教育改革全面推进素质教育的决定》也同时强调,在高中及以上教育的办学水平评估方面,要"进一步发挥非政府的行业协会和社会中介机构的作用"。

以上政策法规,不仅明确了我国教育管理体制改革的方向,即改变了过去政府包办教育、统一管理学校的做法,而且也明确了其他教育利益相关主体在教育改革和发展过程中的定位与作用,其中也对社会参与教育、社会其他利益团体参与的机制作出了具体的说明和规定。这些规定既是社会力量成为学校教育社会风险评估主体的法理依据,也为壮大学校教育社会风险评估队伍、完善学校教育社会风险评估工作机制掀开了崭新的一页。

(二)学校教育社会风险评估主体之间的关系

1. 评估主体需要协同开展学校教育社会风险评估工作

学校教育面临的风险是很复杂的,既包括来自学校教育内部的各种风险,也包括来自学校教育外部的各种风险,甚至学校教育面临的风险有可能是学校内

---

① 一位校长创造抗震奇迹:安县桑枣中学师生无一伤亡[EB/OL].中国共产党新闻网,http://cpc.people.com.cn/GB/64093/64387/7291599.html.

② 青海玉树第一民族中学升旗复课,全校无一伤亡[EB/OL].中国教育新闻网,http://jijiao.jyb.cn/xw/201004/t20100419_354129.html.

外部各种风险因素的叠加所造成。所以,学校教育社会风险评估不仅涉及多种复杂因素,而且这些复杂因素的识别、规避、排除或化解都需要多主体的协同努力才能实现。因此,学校教育社会风险评估工作的开展,必须要借助多种力量,包括政府、学校和其他社会力量。一方面,虽然学校教育社会风险工作是全社会的共同的责任,但在具体工作实践中,政府、学校却是最为重要的责任主体。另一方面,随着我国经济体制的转型、教育的管理体制改革的不断完善,为了有效管理教育并更好地为人民群众多元化教育需求服务,我国亟待发展壮大第三方,即社会的力量,以此来发挥社会对学校教育的监督作用,增加和扩大它们参与学校教育教学的途径和范围。这对于学校教育社会风险评估工作而言,更应如此。

2. 评估主体在学校教育社会风险评估中侧重各有不同

在具体的学校教育社会风险评估工作实践中,政府、学校和社会力量的工作是有所不同的,各有侧重。对政府来讲,其工作侧重于不断完善相关的法律法规,作好宣传工作。政府一方面要提升学校的办学风险意识,督促学校采取有效措施,评估其自身存在的潜在风险,并采取有效措施予以整治。另一方面要调动社会力量参与学校教育社会风险评估工作的积极性。到目前为止,我国学校教育社会风险评估还是一项崭新的工作,相关的法律政策还在不断完善之中。但作为学校评估类别中一种专项评估,国家法律法规对学校教育评估主体的规定,同样也适用于学校教育社会风险评估,即政府及其所辖的教育行政主管部门是实施学校教育社会风险评估的重要主体。对学校来讲,学校作为办学主体,对学校教育社会风险评估亦负有重要的管理职责,对有效预防学校教育社会风险起到重要的作用。没有学校的有效配合和学校的自我诊断与防护,政府的监管职责有可能落空甚或不能实现预期目标。为此,学校的工作侧重就是不断进行自我诊断与防护,并及时进行风险发布,争取政府以及社会力量的支持和配合。对社会力量来说,其工作侧重是参与学校教育社会风险评估标准的制定、参与组织实施学校教育社会风险评估工作,如帮助诊断、分析和鉴定学校在教育教学活动过程中面临或者潜在的风险因素,对学校教育社会风险评估工作进行监督与管理,等等。

二、学校教育社会风险评估主体的责任与作用

虽然学校教育社会风险评估涉及不同的责任主体,但在具体的学校教育社会风险评估工作过程中,政府、学校和社会力量(主要指社会中介组织)这些不同责任主体的职责是不同的。

(一) 政府的评估——宏观监督与整体调控

1. 教育法律法规中政府相关职责的规定

《教育法》第 15 条规定:"国务院教育行政部门主管全国教育工作,统筹规划、协调管理全国的教育事业。县级以上地方各方人民政府教育行政部门主管本行政区域内的教育工作。县级以上各级人民政府其他有关部门在各自的职责范围内,负责有关的教育工作。"根据这一规定,政府在各级各类学校教育教学过程中负有宏观管理与整体调控的法定职责。

政府对学校及其他教育机构的监督和管理涉及学校教育教学的各个方面。其中,合理调控学校的结构布局,为师生提供一个安全健康的学习环境是最基本的职责。为此,《教育法》第73条也有明确规定:"明知校舍或者教育教学设施有危险,而不采取措施,造成人员伤亡或者重大财产损失的,对直接负责的主管人员和其他直接责任人员,依法追究刑事责任。"当然,这主要是一种事后监督和调控的管理办法,离真正的学校教育社会风险评估还有一些距离。《暂行规定》第1条指出:"为了建设有中国特色的社会主义高等学校,加强国家对普通高等学校的宏观管理,指导普通高等学校的教育评估工作,特制定本规定。"《暂行规定》第3条还规定:"普通高等学校教育评估的基本任务,是根据一定的教育目标和标准,通过系统地搜集学校教育的主要信息,准确地了解实际情况,进行科学分析,对学校办学水平和教育质量作出评价,为学校改进工作、开展教育改革和教育管理部门改善宏观管理提供依据。"这就从法律法规的高度对政府在教育评估中的职责作出了明确的规定,即宏观监督与整体调控。

目前,政府在学校教育社会风险评估工作中的具体职责尚需进一步明确。以一起中外合作办学中发生的事件为例。2009年底,上海发生了一起引起社会广泛关注的某英语培训中心倒闭事件。该英语培训中心停课当日,竟仍以每人7 000元的学费进行招生。无独有偶,2009年,拥有1 400多名学员的另外一家上海英语培训中心两个教学点关闭。

对于这样的突发事件,不少学员质疑:民办教育培训机构都有教育主管部门,怎会一夜蒸发?对此,一些专家指出,问题症结在于现行的政策与法律不适应市场发展,出现滞后现象,审批部门监管不力。追寻此类风险案例发生的根源,首先,教育培训机构的门槛不高。根据现有《民办教育促进法》规定,目前申办一个民办培训机构,只需要提供30万到50万元注册资金,自有或者租赁一定面积的教学场地及数名专职教学人员等条件,就可以获得办学许可证,并不需要任何的担保或保证金。其次,对民办教育培训机构的过程监控也有所欠缺。专家指出,英语培训中心从亏损到倒闭并非一日,监管部门应该有充足的时间发现问题,并提出预警。[①]

上述英语培训中心倒闭等案例暴露出教育风险监管中的问题。其主管行政部门如何运用评估手段进行监督和管理,及时发布预警信息,规避教育社会风险,切实保障受教育者的合法权益,亟待教育法律法规加以进一步明确,制定详细的规定。

---

① 李爱铭,彭薇.社会培训机构为何屡屡"人间蒸发"[N].解放日报,2009 – 12 – 17.

2. 政府在学校教育社会风险评估中的职责

事实上,政府在改进管理方式方法、更好地保障各级各类教育机构的健康发展方面是大有可为,也必须有所作为。如上海某英语培训中心倒闭事件发生后的第二天,有关部门就组建了工作班子,召开专题会议研究处理方案,以保护广大消费者的合法权益。对于政府来说,其监管不仅是在颁发办学许可证时把好关,更应该加强后续管理,定期评估,并将评估结果定期公布,让消费者有所了解,以便他们理性选择教育服务。①

针对民办非学历院校(机构)办学情况以及办学过程发生的一些问题,有关部门专门出台了"严肃查处和整治社会违法违规办学事件,加强和规范对本市民办非学历教育院校(机构)管理"的工作要求。这些都是政府监督和管理学校教育的重要方式,但是,要想真正阻断风险发生的链条,还需要根据学校改革与发展的变化与要求,调整和完善教育管理的手段和方式,形成相关的学校教育社会风险预警机制,实施风险管理,防范风险发生或将风险危害和损失降至最低。

作为学校教育评估中的一种专项评估,学校教育社会风险评估同样可以依据国家相关的教育评估法规。《暂行规定》第6条规定:"普通高等学校教育评估是国家对高等学校实行监督的重要形式,由各级人民政府及其教育行政部门组织实施。"这也就是说,政府不仅有义务去组织实施相关的评估工作,而且要根据《规定》第18条的要求,"组建评估领导小组,确定有关具体的评估机构,即在国务院和省(自治区、直辖市)人民政府领导下,国家教育委员会、国务院有关部门教育行政部门和省(自治区、直辖市)高校工委、教育行政部门建立普通高等学校教育评估领导小组,并确定有关具体机构负责教育评估的日常工作"。同时,《暂行规定》第19条还指出:"国家普通高等学校教育评估领导小组,在国家教育委员会的领导下,负责全国普通高等学校教育评估工作。其具体职责是:(一)制订普通高等学校教育评估的基本准则和实施细则;(二)指导、协调、检查各部门、各地区的普通高等学校教育评估工作,根据需要组织各种评估工作或试点;(三)审核、提出鉴定合格学校名单报国家教育委员会批准公布,接受并处理学校对教育评估工作及评估结论的申诉;(四)收集、整理和分析全国教育评估信息,负责向教育管理决策部门提供;(五)推动全国教育评估理论和方法的研究,促进教育评估学术交流,组织教育评估骨干培训。"对照以上这些规定,人们会发现:政府在学校教育风险评估中的职责主要是对学校教育评估工作进行宏观规划和指导,及时引导教育评估工作更好地为教育决策服务及教育相关利益主体服务。

(二)学校的评估——自我完善与调整管理

学校教育社会风险评估是政府有效监督和管理各级各类教育工作的重要形式之一;可以直接组织评估工作,也可以委托相关机构开展,但是不管何种形式的评

---

① 张骞.今起处理学生登记善后工作[N].新闻晚报,2009-12-17.

估,其最终目的还是为了改进学校的教育教学工作,为师生提供一个安全、健康、有序的学习生活环境,以保障师生的健康发展,提高教育教学质量。因此,学校在风险评估工作中的自我评估与调整是非常重要的一环。这不仅是相关法律法规的规定,同时也是学校教育教学工作的应有义务。

1. 教育法律法规中学校相关职责的规定

学校在学校教育社会风险评估中的职责,目前国家的一些法律法规也有所规定。如《暂行规定》第 6 条规定:"普通高等学校教育评估工作是由各级人民政府及其教育行政部门组织实施,但是,各类政府组织的行政性评估或者委托社会开展的各类评估工作都需要在学校自我评估的基础上开展。"《暂行规定》第五章专门对学校内部评估作出了具体的规定。第 15 条指出,"学校内部评估,即学校内部自行组织实施的自我评估,是加强学校管理的重要手段,也是各级人民政府及其教育行政部门组织的普通高等学校教育评估工作的基础,其目的是通过自我评估,不断提高办学水平和教育质量,主动适应社会主义建设需要。学校主管部门应给予鼓励、支持和指导"。同时,《暂行规定》第 17 条要求学校应建立毕业生跟踪调查和与社会用人部门经常联系的制度,了解社会需要,收集社会反馈信息作为开展学校内部评估的重要依据。《暂行规定》虽然是针对普通高等学校的教育评估规定,但是也可以推广到其他各级各类学校教育工作中去,这不仅是因为学校的自我评估是有效开展外部评估的基础,也因为学校才是开展有效学校教育社会风险评估的重要主体,相关的规避和化解措施必须通过学校——教育教学的办学主体才能更好地有效实施,才能及时发出预警,并及时采取整改措施,有效保障学校的教育教学工作有效、健康地开展。如我国汶川大地震中桑枣中学的自我日常管理和风险预警工作就是最好诠释。

2. 学校在教育社会风险评估中的职责

学校在教育社会风险评估中的具体职责可概括为自我完善与调整管理。如2008 年 9 月 1 日,由教育部、公安部、司法部等十部委下发的《中小学幼儿园安全管理办法》(下称《管理办法》)正式实施。《管理办法》是我国第一个专门关于中小学安全管理的法规性文件,是国家针对中小学安全工作出现的新情况、新问题而进一步完善校园安全管理协作与运行机制、提高处置突发事件的应急能力、加强中小学幼儿园安全管理的法律法规建设。《管理办法》第 4 条规定,学校安全管理工作主要包括:(1) 构建学校安全工作保障体系,全面落实安全工作责任制和事故责任追究制,保障学校安全工作规范、有序进行;(2) 健全学校安全预警机制,制定突发事件应急预案,完善事故预防措施,及时排查安全隐患,不断提高学校安全工作管理水平。虽然《管理办法》是针对中小学、幼儿园而制定的安全管理规定,但也可以推广至其他各级各类学校教育中去。从《管理办法》中可以看出,学校在学校教育社会风险管理工作中的重要职责应该是自我评估,以及根据自我评估及时调整和完善学校的日常安全管理工作。

（三）教育中介的评估——认定事实与持续改进

1. 教育法规明文规定社会有权参与并监督教育的管理工作

社会参与并监督教育的管理工作是我国改革开放以来教育管理体制改革的方向，并在相关的教育法律法规中有具体的规定，以此形成政府宏观管理、社会积极参与、学校自主办学的管理格局。1985年我国发布的《中共中央关于教育体制改革的决定》（以下简称《决定》）认为，要从根本上改变中国的教育现状，必须从教育体制入手，有系统地进行改革。改革管理体制，需要在加强宏观管理的同时，坚决实行简政放权，扩大学校的办学自主权。《决定》中还提到，现在的问题是如何在有限的财力物力条件下，把教育搞上去，以满足社会主义现代化建设的迫切需要。这就要求人们通过改革来更好地调动各级政府、广大师生员工和社会各方面的积极性，团结一致，同心同德，发挥各方面的潜力，使教育事业一年比一年更好地向前发展。

此后，我国出台的一系列的教育法律法规均体现了《决定》的改革思想和指导精神。《教育法》其中第45条规定："国家机关、军队、企业事业组织、社会团体及其他社会组织和个人，应当依法为儿童、少年、青年学生的身心健康成长创造良好的社会环境。"第46条规定，"国家鼓励企业事业组织、社会团体及其他社会组织同高等学校、中等职业学校在教学、科研、技术开发和推广等方面进行多种形式的合作。企业事业组织、社会团体及其他社会组织和个人可以通过适当形式，支持学校的建设，参与学校管理"。由这些法律法规可看出，社会力量在学校教育社会风险评估中的责任是：形成民间诉求，参与学校管理。

2. 社会力量在学校教育社会风险评估中的职责

目前中国正处于社会转型时期，政府的职能也随着社会转型而发生了重要转变。在政府职能转变的背景下，教育管理体制改革的重心是政府简政放权，社会参与管理，学校自主办学。随着政府行政管理体制改革的不断深化，必然有越来越多的政府职能转向社会、转向民间。比如办学力量的评估，教学质量的评价，教师任职资格的评定，高考、考研等全国性入学考试的组织管理，毕业论文质量的评价等事务，都可以由社会这一评估主体的最集中代表——教育中介组织来完成。①

教育中介组织是指根据国家的法律法规和一定的组织规范参与教育活动的独立于政府和学校之外的非营利性社会组织。中介组织是市场经济的产物，在西方国家被称为"中介团体"、"缓冲器"或"减压阀"。这类组织主要有三种类型：其一是评估鉴定型，指全国性、地区性和专业性认证组织；其二是研究和咨询型，指专门从事高等教育问题研究和咨询的组织；其三是自律互益型，指学会、协会等行业团

---

① 王建民.建议大力发展非政府教育中介组织［EB/OL］.http://www.bnu.edu.cn/tongzhanbu/jyxc/jyxc1.doc.

体,如教育学会、大学和学院联合会等。①《中华人民共和国行政许可法》第二章第13条规定,"本法第12条所列事项,通过下列方式能够予以规范的,可以不设行政许可:公民、法人或者其他组织能够自主决定的;市场竞争机制能够有效调节的;行业组织或者中介机构能够自律管理的;行政机关采用事后监督等其他方式能够解决的"。教育评估在一定程度上能够分别或同时通过上面的四种方式来取得相应的效果,因此,教育中介机构在一定程度上必然会接受政府及其他社会机构的委托开展评估工作,并在一定程度上体现政府及其他委托机构的委托要求,从而为上述机构服务。当前我国有关教育评估的社会力量主要集中于教育中介组织。

教育中介组织在学校教育社会风险评估工作中的具体职责,在《暂行规定》中就有专门针对高等学校的规定。《暂行规定》第6条指出:"普通高等学校教育评估是国家对高等学校实行监督的重要形式,由各级人民政府及其教育行政部门组织实施。在学校自我评估的基础上,以组织党政有关部门和教育界、知识界及用人单位部门进行的社会评估为重点,在政策上体现区别对待、奖优罚劣的原则,鼓励学术机构、社会团体参与评估。"《暂行规定》第18条还指出,"普通高等学校教育评估领导小组确定有关具体机构负责教育评估的日常工作"。因此,《暂行规定》中第19至21条规定的具体评估职责,应该是指在国家普通高等学校教育评估领导小组和国家教育委员会的领导下,由具体评估机构来承担和履行相关的评估职责。

教育中介组织这种类型的评估主体职责更多体现的是政府及其他委托机构的意志和要求,体现的是作为第三部门②,即教育中介组织的作用。教育中介组织在接受风险委托之后,主要的评估职责应包括:制定相关评估工作的基本准则和实施细则,根据工作需要开展相关的评估工作,收集、整理和分析全国或地区的教育风险评估信息,负责向教育管理决策部门提供服务,等等。

第二节　学校教育社会风险评估的方法和工具

评估方法是实现评估目的的技术手段,主要包括定性方法、定量方法及混合方法三种。但是,不同行业和研究领域中所采用的评估方法是不同的,其具体方法的

---

① 郭嫄.教育中介组织:存在必要性、问题及发展策略分析[EB/OL]. http://qkzz. net/article/6820aa60 - a6a5 - 4f30 - 8e07 - 4ba959b4a2fd. htm.

② "第三部门"这个概念在20世纪70年代末的西方开始形成并流行,如今已经影响到非常广泛的社会领域。据统计,现在在美国的各部门中,大概20%的劳动力和15%的经济总量存在于第三部门,而且越来越大,形成一个潜力非常巨大的新领域。这里讲的第三部门,现在有人称为"非政府组织",就是所谓的NGO(Non - government mental organization),还有人称之为"非营利机构",也就是NPO(Non - profitable organization)。因此,第三部门是指除公权部门和私人部门之外的民间性的以非营利为目的的具有公益性质的社会组织体。

选取取决于风险评估的目标、程序以及人员等多种因素。对于学校教育社会风险评估而言,由于评估类型多样、评估目标多元,不同类型的学校教育社会风险评估需要选择不同的评估方法,以提高评估的科学性和可靠性。

一、风险评估的主要方法及特征分析

评估方法有广义和狭义两种概念。广义的评估方法包括评估准备、评估设计、信息获取、评估分析和综合、撰写评估报告等评估活动全过程的方法;狭义的评估方法是指评估分析与综合的方法。本书所谈的学校教育社会风险评估方法为狭义概念上的评估方法,而且仅限于学校教育领域中的风险评估。

(一) 风险评估的主要方法

按照评估方法的特征分类,目前风险评估的主要方法大致有三类:定性评估、定量评估和定性评估与定量评估相结合的混合评估方法。

定性方法是目前采用较为广泛的一种风险评估方法,它与定量方法的区别在于不需要对资产及各相关要素分配确定的数值,而是依据一定的标准对风险因素、风险事件和风险后果(损失)的程度进行非数量化的描述、分析和评价,在此基础上赋予一个相对值。通常通过问卷、面谈及研讨会的形式进行数据收集和风险分析,涉及各业务部门的人员,它带有一定的主观性,往往需要凭借专业咨询人员的经验和直觉,或者业界的标准和惯例,为风险各相关要素(资产价值,威胁,脆弱性等)的大小或高低程度定性分级,例如高、中、低三级等。通过这样的方法,对风险的各分析要素赋值后,可以定性地区分这些风险的严重等级,避免了复杂的赋值过程,简单且又易于操作。

定量方法就是运用测验、实验等数学方法和数学模型对风险因素、风险事件和风险的程度后果(损失)从数量方面进行描述、分析和评价的方法。其主要思路是对构成风险的各个要素和潜在损失的程度赋予数值或货币金额,度量风险的所有要素(资产价值、弱点级别、脆弱性级别等)都被赋值,计算资产暴露程度、控制成本及在风险管理流程中确定的所有其他值时,尽量具有相同的客观性,这样风险分析的整个过程和结果都可以被量化了。

定量方法和定性方法是风险评估的两大基本方法。当前被认为最常用的风险评估方法一般都是定量和定性相结合的混合方法,即对一些可以明确赋予数值的要素直接赋予数值,对难以赋值的要素使用定性方法。这样,可以对各种风险因素和风险事件通过定性和定量两种方法进行识别,进而加以诊断和综合分析。

(二) 风险评估方法的特征分析

1. 评估方法要随所适用行业领域的不同而不同

将风险评估的方法分为定性和定量两大基本方法,这是从风险评估方法的性质来宽泛加以区分的。也有研究者从信息识别的角度出发,认为最广泛的风险分析方法主要是基于知识的分析方法和基于模型的分析方法。

基于知识的分析方法只需通过特定途径收集相关信息,识别单位当前的资产、资产所存在的漏洞、组织的风险和当前采取的安全措施等信息,与特定的标准或最佳实践进行比较,从中找出不符合的地方,并按照标准或最佳实践推荐选择安全措施,最终达到降低和控制风险的目的。基于知识的分析方法,最重要的还在于完整详细地收集和评估信息,其主要方法一般是:问卷调查、会议讨论、人员访谈和对当前的策略和相关文档进行复查。基于模型的评估可以分析出系统自身内部机制中存在的危险性因素,同时又可以发现系统与外界环境交互中的不正常和有害的行为,从而完成系统脆弱点和安全威胁的定性分析。由于目前没有非常完善的模型,因此,这种方法较少使用。

在具体的风险评估工作中采用何种风险评估方法,需要考量到多种因素。其中,评估方法要随着不同行业领域而有所变化,而不能仅局限于采用定性方法、定量方法或其他评估方法。例如,对于金融行业来说,丢失数据风险的损失比短时间业务停顿的风险所带来的损失更为严重;而对于通讯行业来说,业务停顿风险带来的损失比少量数据丢失的风险更难以接受。[①]

以上分析给人们带来的一个启示就是,选择风险评估的方法和判断标准,应考虑行业自身特点,区别它们各自的关注点,灵活制定风险评估过程和分析方法。

2. 评估方法的选取要充分满足评估需要并力求发挥最大效用

不管是风险评估的实务还是风险评估的理论研究,大多数人都认同风险评估的方法分为两大类,即定性评估方法和定量评估方法。事实上,定性和定量的评估方法又包括多种类型的评估手段和措施。如定量评估方法中又包括风险系数评估法、层级分析法(analytic hierarchy process)、多目标决策分析工具(expert choice)等;定性风险分析又包括风险值决策矩阵等多种方法。

如隶属于国际安全评论系统(security – critical system)的 CORAS 公会的风险评估方法就是由危险与可操作性分析(hazard operable process)、错误树分析(fault tree analysis)、失败模式和影响关键性分析(failure mode and effect criticality analysis)、马尔可夫分析(markov analysis)及风险分析管理方法(CCTA risk analysis management method)五种技术共同整合(如表 5 – 2 – 1 所示)。完整的风险评估方法要充分满足机密性、完整性、有效性及责任性的要求。事实上,如同下面表格所说明的那样,与目标系统关联的各种类型的危险、威胁或危害,都能够使用这些方法显露出来并加以处理。这些方法可以涵盖在系统发展和保养过程的所有阶段。[②]与此同时,该表也说明,风险评估要综合考虑风险评估的目标、程序、人员等多种要素,只有这样才能发挥该方法的最大效用。

①　风险评估的方法与流程［OB/EL］. http://hi. baidu. com/sihochina/blog/item/6b9bae2b70ad7bfce7cd4050. html/cmtid/72787a1621cdb24621a4e9e4.

②　王平. 风险评估方法［EB/OL］. http://teachers. ksu. edu. tw/ ~ ping0/doc/is/risk%20assessment. pdf.

表5-2-1　风险评鉴方法

	危险与可操作分析(Hazop)	错误树分析(FTA)	失败模式和影响关键性分析(FMECA)	马尔可夫分析(Markov)	风险分析管理方法
背景识别	简短描述系统	—	—	—	资产评估
风险识别	强调安全的所有方面	从有害的结果开始	自下至上地评鉴各个部分		集中数据组
风险分析	作为 FTA/FMECA/Markov 输入	分析大事、基本事件及可能性	分析失败模式及其结果	分析系统状态和可能性	—
风险评估	输入	与标准进行比较	与标准进行比较	与标准进行比较	—
风险处理	识别处理方案	分析轻重缓急	分析障碍和相应的措施	支持维护	识别相应的措施

二、学校教育社会风险评估的方法

（一）我国防范学校教育社会风险方法回顾

从目前我国防范学校教育社会风险的方法来看,政府及其教育行政主管部门、学校等相关利益主体都采取了一定的防范方法和措施。这些方法和措施除了学校的自我防范措施之外,主要是指政府及其所辖教育行政主管部门发布的通知、预警、通报,联合执法和专项检查,等等。这些方法和措施确实为维护学校的健康和有序发展起到了一定的作用。从方法论的角度来看,目前我国防范学校教育社会风险的方法还比较单一。归纳起来,我国防范学校教育社会风险方法有如下几种。

1. 有关加强学校安全管理工作的通知、预警等安全警示的发布

国家及教育主管部门一向高度重视学校教育的安全工作,从 2006 年 2 月至 2008 年 4 月,仅仅两年多的时间,教育部针对中小学校安全教育管理工作的通知、预警及通报就达到了 30 多个。在汶川大地震发生之前,教育主管部门主要是根据学校中出现的一些安全事故及学校容易频发的事故和潜在的风险,及时发布相关的通知、预警等安全警示,要求地方政府相关职能部门及其学校引起重视,并采取

相关的措施加以防范。但是,学校教育工作中的安全管理工作并不是发布通知、预警及通报之类的工作方法就可以全面涵盖的,而是一项复杂的系统工程,需要采用新的工作方法和手段加以制度化,其中,学校教育社会风险评估就是较为有效的防范措施和机制。

2. 有关联合执法、专项整治等规避风险的举措

除了根据学校安全管理工作的特点定期发布相关的通知和预警警示之外,我国政府往往还会根据一些重大事件和突发事件采取一些特别的举措,如公安部和教育部就曾多次联合开展执法或者专项整治行动,以规避风险、确保师生的安全。在联合执法和专项整治行动中,经常会对存在安全隐患之处进行排查,及时消除隐患,化解风险事故的发生。这也是一种风险管理,但是并不是规范意义上的风险评估。如针对近期的学校安全事故频发的现象,公安部、教育部联合召开加强学校、幼儿园安全保卫工作的视频会议,对进一步加强学校、幼儿园安全保卫工作进行了再动员、再部署。[①] 这些措施虽然起到了震慑犯罪分子和保护师生安全的作用,但是,这并非工作常态,且属于事后的防范和监控举措,无法做到有效预防和化解。学校教育社会风险评估需要针对学校教育活动与运行过程中的各种潜在风险,运用科学的评估手段监测、评估风险,并有效地化解和规避风险。这样才能起到事前的防范和预警作用,为师生创造一个安全祥和的校园环境。

(二)学校教育社会风险评估方法特征

1. 学校教育社会风险评估方法是一种新型的评估方法

所谓学校教育社会风险评估,是指评估方在一定的教育理念和社会发展观指导下,依据一定的原则、学校教育社会风险评估指标和标准,对学校教育活动与过程面临的某种危险的可能性与后果及教育活动本身给社会带来的某种危险的可能性与后果,运用科学的方法与手段所进行的可能性与程度判断的活动和过程。从这个意义上讲,学校教育社会风险评估工作对我国来说还是一项崭新的工作领域。目前我国政府及学校所做的有关学校安全管理方面的工作,还称不上严格意义上的风险评估。如何开展学校教育社会风险评估,以及如何更为有效地提高学校教育社会风险评估工作的有效性,就目前我国的学校教育风险评估研究而言,需要开展如下的研究和探讨:什么样的评估方法能有效地开展学校教育风险评估?当然,人们也可以借鉴其他行业和领域的风险评估方法和经验,但是,学校教育工作是一项特殊的工作,学校教育涉及学生和教师的生命安全以及身心健康,也关涉一个国家和民族的国民素质和未来发展,因此,这样一项特殊而又重要的工作,需要在借鉴其他领域风险评估方法和经验的基础上,开发出适合学校教育社会风险评估的一些有效评估方法。

---

① 公安部教育部要求严打严防校园安全事件［EB/OL］. http://news. cn. yahoo. com/10 - 05 - /346/2k94p. html.

2. 学校教育社会风险评估方法是一套综合的评估方法体系

学校教育社会风险评估是一项系统的工程。开展学校教育社会风险评估要从两方面入手：一是要对学校教育面临的社会风险进行评估，包括对学校外部因素导致的社会风险进行评估及对学校内部因素导致的社会风险进行评估两大方面；二是要对学校教育给社会带来的风险进行评估，包括学校教育对公民素质的风险进行评估及学校教育对社会发展的风险进行评估两大方面。学校教育社会风险评估目的主要是帮助有关各方正确认识学校教育的社会风险、风险类型及风险程度，从而真正承担起各自的责任和义务，做到重视风险、预测风险、控制风险、减少或防范风险，最终实现本真的学校教育。而目前我国所采取的学校教育社会风险防范手段，诸如通过行政手段发布一些通知、警示之类的通告，对真正的学校教育社会风险评估来说，显然是远远不够的。此外，学校教育社会风险评估工作不仅评估目标多元，而且面临的情况和挑战也比较多，如学校教育社会风险既存在学校教育内部的风险，还包括来自教育外部的可能给学校教育活动带来的风险和损失；既包括自然灾害，也包括人为的一些伤害和风险；既可能是单项的风险，也可能是给学校教育活动造成多方面的风险，等等。这决定着学校教育社会风险评估工作非常复杂，涉及面比较广泛，需要有专门人员利用专业知识实施，更需要借助科学可行的评估方法体系来进行。

3. 学校教育社会风险评估方法本质上是一种风险评估方法

风险评估是在借鉴一般评估方法的基础上逐步形成的适应风险评估工作的特有方法。而学校教育社会风险评估，不仅属于学校教育评估的范畴和领域，而且也是风险评估中的一种有关学校教育风险的评估，即其本质上也是一种风险评估。因此，学校教育社会风险的评估方法体系的建立需要根据学校教育社会风险评估的实践诉求，并借鉴其他领域的风险评估方法，从而在不断丰富和完善的过程中形成自身特有的风险评估方法。

（三）学校教育社会风险评估方法的选取要求

1. 学校教育社会风险评估是一种综合性评估，要求在方法选取上综合运用多种评估方法

学校教育社会风险既包括如社会教育观念、自然不可抗力等学校外部因素导致的风险，也包括如学校课程资源、学校施教队伍等内部因素导致的风险。风险因素多、原因复杂，需要综合运用多种评估方法，包括定性的评估方法和定量的评估方法。如社会教育观念、学校教育理念等一些风险因素导致的风险，是很难用量化的标准进行诊断、分析和评估，而只能运用定性的方法进行分析。而如自然不可抗力、学校基本条件等一些风险因素，则需要量化的方法进行分析和评估，形成动态的数据库，进行日常监控和管理则更为有效。下面就用一个方法示意图（图 5 - 2 - 1）来说明学校教育社会风险评估方法的综合运用情况。

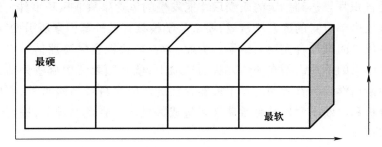

评估方法（问卷调查、层次分析法、风险树分析法等）"硬"评估

最硬

最软

评估方法（德尔裴法、访谈、座谈等）"软"评估

图 5 - 2 - 1　学校教育社会风险评估的方法示意图①

从上图可以看出,学校教育社会风险评估既需要采用定量的一些"硬"评估方法,也需要采用一些定性的"软"评估方法。定量的方法包括采用问卷调查、层次分析和风险树分析法等;定性的方法包括德尔裴法、访谈和座谈等方法。

2. 根据评估目标、人员、风险种类等多种因素,需要选择以定性方法或者定量方法为主,其他方法为辅的评估方法组合

学校教育社会风险评估大致可以分为学校外部因素和学校内部因素导致的学校教育社会风险评估。其风险因素不同,进行风险分析、诊断和评估所使用的方法也应有所不同。此外,从评估实施的主体来看,又可以分为自我评估和外部评估。不管是内部评估还是外部评估,都需要运用一定的评估方法加以分析和评估,进而及时处置、化解风险和防范风险。但是,在不同的评估阶段,选择评估方法时需要有所侧重。如学校内部风险评估可以以定性分析评估为主,主要找出学校内部有可能导致风险发生的因素;而就学校外部因素导致的学校教育社会风险和学校内部因素导致的学校教育社会风险这两大类风险来说,进行评估时需要采用不同的评估方法。不同阶段的风险评估方法具体可见图5 - 2 - 2。

3. 形成性评估与终结性评估相结合,要求评估方法能体现评估的过程和结果

学校教育社会风险评估与其他类型评估的最大不同之处就是学校教育社会风险评估要关注学校教育活动过程中面临的某

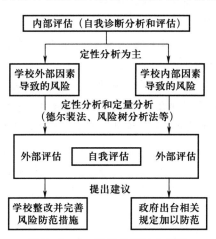

图 5 - 2 - 2　学校教育社会风险评估不同阶段方法的选择

---

①　此图表重点参照瞿葆奎.教育评价[M].北京:人民教育出版社,1989:776.

种潜在风险,而这种风险的来源与潜在的因素又非常复杂,有可能是突发性的,也有可能是日积月累达到一定的质变后才能发生的风险事故或风险事件。这些风险要么是学校内部自身的因素所造成,要么是学校教育的外部因素所引发,要么是校内外多种风险因素综合作用的结果。为此,学校教育社会风险评估一定要关注评估过程和结果的统一。如在评估方法的选取上,就必须要考虑哪些评估方法可以分析和诊断出学校教育活动过程中可能存在的风险事件或风险事故,哪些评估方法可以分析和诊断出学校教育活动结果造成的风险。在此基础上,进行综合选择和科学采用。

总而言之,学校教育社会风险评估不是一种单项评估,而是一种多种评估方法的组合运用的综合性评估。这种综合性体现在两个层面:一是学校教育社会风险评估是定性评估和定量评估的结合,或者说是"硬"评估和"软"评估的有机结合;[1]二是形成性评估和终结性评估相结合,即学校教育社会风险的过程评估和结果评估的有机统一。

三、学校教育社会风险评估的主要工具

学校教育社会风险评估是一项非常复杂的工作,不仅需要科学可行的评估方法,而且需要在明确方法的基础上,采用一套实用的风险评估工具,以提高风险评估工作的有效性和科学性。而选择合适的风险评估工具,既是完成风险评估工作任务的重要环节,同时也是有效提高风险管理的重要手段。

(一)风险评估工具的发展现状

所谓的风险评估工具,本质上是风险评估的辅助手段,是保证风险评估结果可信度的一个重要因素。风险评估工具的使用不但在一定程度上解决了手动评估的局限性,最主要的是它能够将专家知识进行集中,使专家的经验知识被广泛的应用。[2]

在风险评估的过程中,一些行业领域一般利用一些辅助性的风险评估工具和方法来采集数据,包括调查问卷、检查列表、人员访谈等方法和工具。此外,随着风险评估的重要性日益显现,越来越多的行业和用户开始采用一些专用的自动化的风险评估工具来了解风险的客观现状,并将其作为风险管理的日常举措,以此提高风险管理的水平和降低或规避风险的损失。

目前,风险评估过程最常用的一些专用的自动化的风险评估工具,无论是商用

---

① 按照一般的说法,硬评估通常包括:(1)设计能够辨别因果关系的研究设计;(2)搜集客观的、可靠的和有效的资料;(3)运用精密的统计技术对资料进行分析。软评估通常包括:(1)一项多至能表明相关关系的研究设计;(2)主观的和评判性的资料;(3)对资料缺乏精密的统计分析。(参见瞿葆奎.教育评价[M].北京:人民教育出版社,1989:775.)

② 信息安全技术信息安全风险评估指南[EB/OL]. http://www.cstc.org.cn/huananzizhan/tabid/1156/InfoID/87481/Default.aspx.

的还是免费的,此类工具都可以有效地通过输入数据来分析风险,最终给出风险的评价并推荐相应的安全措施。目前常见的自动化风险评估工具包括:(1) 英国的C&A 系统安全公司推出的一套风险分析工具软件,它通过问卷的方式来采集和分析数据,并对组织的风险进行定性分析,最终的评估报告中包含已识别风险的水平和推荐措施;(2) 英国政府的中央计算机与电信局于 1985 年开发的一种定量风险分析工具,同时支持定性分析;(3) 美国国家标准技术协会发布的一个可用来进行安全风险自我评估的自动化工具,它采用典型的基于知识的分析方法,利用问卷方式来评估系统安全现状与 NISTSP800 - 26 指南之间的差距;(4) 国际安全技术公司开发的一种风险管理决策支持系统,它采用典型的定量分析方法,可以方便地采集、组织、分析并存储风险数据,为组织的风险管理决策支持提供准确的依据。①

（二）风险评估的主要工具

《中华人民共和国国家标准——信息安全技术信息安全风险评估指南》根据在风险评估过程中的主要任务和作用原理的不同,将风险评估的工具分成风险评估与管理工具、系统基础平台风险评估工具、风险评估辅助工具三类。风险评估与管理工具是一套集成了风险评估各类知识和判断依据的管理信息系统,以规范风险评估的过程和操作方法;或者是用于收集评估所需要的数据和资料,基于专家经验,对输入输出进行模型分析。系统基础平台风险评估工具主要用于对信息系统的主要部件(如操作系统、数据库系统、网络设备等)的弱点进行分析,或实施基于弱点的攻击。风险评估辅助工具则实现对数据的采集、现状分析和趋势分析等单项功能,为风险评估各要素的赋值、定级提供依据。② 也有学者基于多年的风险评估实践,根据工具应用的目标和在风险评估中的工作方式,将风险评估工具分为:主动型评估工具、被动型评估工具、管理型评估工具三种类型。本书根据目前风险评估的工作需要,把现有风险评估的工具分成两大类,一是从风险评估工具的使用方式加以划分的,指主动型、被动型和管理型风险评估工具;二是指国家质量检疫局发布的,包括风险评估与管理工具、系统基础平台风险评估工具、风险评估辅助工具三类。

1. 主动型、被动型和管理型风险评估工具

把风险评估工具分为主动、被动型及管理型,是从风险评估使用的方式来加以划分的。主动型风险评估工具主要是指可以将人工口令自动执行的一些工具模式;被动型评估工具则是一种立足于防御的角度收集系统信息,并进行简单分析的工具;管理型评估工具是对于整个风险评估过程的管理,是专家知识的具体体现。需要补充说明的是:管理型评估工具主要解决了风险评估的流程、不同类型系统的

① 风险评估工具［EB/OL］. http://www. supercn. net/html/21/t - 821. html.
② 信息安全技术信息安全风险评估指南［EB/OL］. http://www. cstc. org. cn/huananzizhan/tabid/1156/InfoID/87481/Default. aspx.

安全风险模型、评估过程中的判定支持等问题。它一般基于某个标准或某种最佳实践，它将所形成的方法论进行了固化。目前比较常用的管理型评估工具有CRAMM、COBRA、IAS 等。[①]

相对而言，主动型、被动型评估工具是针对系统具体对象的，管理型评估工具是针对风险评估活动的。主动型、被动型评估工具是针对风险评估过程脆弱点识别阶段提供支持，属于"点"的支持；管理型评估工具则是在风险评估全过程中，为风险评估人员提供评估流程、操作流程、判断准则，指导风险评估人员进行风险评估具体操作、规范操作步骤、提高评估效率，属于"线"的支持。此外，管理型评估工具还可以直接使用主动型评估工具的评估结果，甚至可以将主动型、被动型评估工具集成在系统中。

2. 基于风险评估与管理、系统基础平台和风险评估辅助的风险评估工具

（1）风险评估与管理工具。根据实现方法的不同，风险评估与管理工具又可以分为三大类：基于信息安全标准的风险评估与管理工具、基于知识的风险评估与管理工具及基于模型的风险评估与管理工具。

基于信息安全标准的风险评估与管理工具是指由于目前国际上存在多种不同的风险分析标准或指南，不同的风险分析方法侧重点不同，例如 NIST SP 800 – 30、BS7799、ISO/IEC 13335 等，人们以这些标准或指南的内容为基础，分别开发相应的评估工具，完成遵循标准或指南的风险评估过程。

基于知识的风险评估与管理工具并不仅遵循某个单一的标准或指南，而是将各种风险分析方法进行综合，并结合实践经验形成风险评估知识库，以此为基础完成综合评估。此外，它还涉及类似组织（包括规模、商务目标和市场等）的最佳实践，主要是通过多种途径采集相关信息，识别组织的风险和当前的安全措施。如与特定的标准或最佳实践进行比较，从中找出不符合的地方，或按照标准或最佳实践的推荐选择安全措施控制风险，等等。

基于模型的风险评估与管理工具是在对系统各组成部分、安全要素充分研究的基础上，对典型系统的资产、威胁、脆弱性建立量化或半量化的模型，根据采集信息的输入，得到评价的结果。

（2）系统基础平台风险评估工具。脆弱性扫描工具又称为安全扫描器、漏洞扫描仪等，主要用于识别网络、操作系统、数据库系统的脆弱性。通常情况下，这些工具能够发现软件和硬件中已知的弱点，以决定系统是否易受已知攻击的影响。脆弱性扫描工具是目前应用最广泛的风险评估工具，主要完成操作系统、数据库系统、网络协议、网络服务等的安全脆弱性检测功能。

渗透性测试工具是根据脆弱性扫描工具扫描的结果进行模拟攻击测试，判断被非法访问者利用的可能性。这类工具通常包括黑客工具、脚本文件。渗透性测

---

① 陈清明，张俊彦. 信息安全风险评估工具及其应用分析[J]. 信息安全与通信保密，2010，(1)：93.

试的目的是检测已发现的脆弱性是否真正会给系统或网络带来影响。通常渗透性工具与脆弱性扫描工具一起使用,并可能会对被评估系统的运行带来一定影响。

(3)风险评估辅助工具。科学的风险评估需要大量的实践和经验数据的支持,这些数据的积累是风险评估科学性的基础。在风险评估过程中,可以利用一些辅助性的工具和方法来采集数据,帮助完成现状分析和趋势判断。如检查列表就是基于特定标准或基线建立的对特定系统进行审查的项目条款,安全审计工具则用于记录网络行为,分析系统或网络安全现状,它的审计记录可以作为风险评估中的安全现状数据,并可用于判断被评估对象威胁信息的来源等。

(三)学校教育社会风险评估的主要工具

学校教育社会风险评估需要在借鉴其他风险评估工具的基础上,逐步开发适应学校教育社会风险评估的工具系列,包括基于政府颁布的学校教育安全管理标准或指南而建立的风险评估工具、基于专家系统的风险评估工具、基于定性或定量分析的风险评估工具等三大类。

1. 基于标准或指南的学校教育社会风险评估工具

学校安全标准或指南是人们开展学校教育社会风险评估工作的基础,同时也是人们明确各级管理组织职责的依据。从我国目前情况来看,各级各类学校的一些办学标准还需制定并完善。2010 年发布实施的《国家中长期教育改革和发展规划纲要(2010—2020 年)》(以下简称《规划纲要》)第 47 条也指出,要建立和完善国家教育基本标准。这之中,也自然包括学校的办学标准、建设标准及安全标准。

在安全标准建设等方面,国家及一些地方政府已经出台相关措施。2010 年 5 月 25 日,全国安全防范报警系统标准化技术委员会(SAC/TC100)在北京召开了校园安全防范国家标准研讨会。会议在北京、上海、浙江和广东这四个省市校园安全防范标准的基础上,结合我国区域经济发展状况和校园安防工作的不同特点,分别确立了《高等院校安全技术防范系统要求》和《中小学、幼儿园安全技术防范系统要求》两项国家标准。[①] 另据媒体报道,校园安全标准将有一个具有指标意义的"上海版",即根据上海学校安全管理的需要制定校园治安防范标准。[②]

在这方面,日本、美国等一些发达国家已经为我国积累了一些可以借鉴的经验。汶川大地震后,我国大量学校校舍的倒塌和师生的伤亡,也引起了日本政府的关注。2009 年 5 月 16 日,日本内阁举行会议,专门讨论加快学校危房改造的进程。会议决定:由中央财政安排大部分所需资金,争取在 5 年内完成全国 4.5 万栋公立中小学校校舍的补强施工。[③] 其补强的标准即是依据日本文部科学省出台的

① 校园安全标准研讨会在北京召开[EB/OL].中国安防展览网,http://www.afzhan.com/news/detail/14147.html.

② 校园安全标准将有"上海版"[N].解放日报,2010 - 10 - 12.

③ 徐静波.汶川大地震让日本速推校舍补强计划[EB/OL].新浪网新闻中心,http://news.sina.com.cn/pl/2008 - 05 - 19/082015569439.shtml.

"促进学校建筑抗震指南"。该指南列出了如何设计各防震级别建筑的推进方案。与此同时,以2001—2002年调查为依据,该指南还提供了如何排序决定各防震工程紧要程度的方法。此外,相关部门还印发了《学校建筑改善翻新》的操作手册。①

美国在推行学校教育社会风险评估的过程中,则由学区来制定学校教育社会风险评估的指标,即学区安全最优标准及相关指标。学区安全标准包括7个一级指标,一级指标下面有29个二级指标以及相应的三级指标,并且每个指标下面均有相关法律的出处。需要强调的是,具有从业资格的消防安全检查员要对所在辖区的所有教育机构及辅助工厂进行消防安全检查,对所有教育机构及辅助设施进行年度安全检查,以确保它们符合相关法规要求,所有检查到的问题必须在规定的时间内得到纠正。此外,学区还要为相关的紧急情况处理机构提供建筑平面图和设计图,用适当的方法将其他学生、社区成员或学校员工对学生的危险降至最低,并将学生对教师的危险降至最低,确保学生交通安全,等等。② 从以上这些国家的学校教育社会风险管理举措来看,基本上都是有明确的学校安全标准,并基于标准来执行相关规定,其效果不言而喻。

2. 基于专家系统的学校教育社会风险评估工具

基于专家系统的学校教育社会风险评估工具主要是指利用专家系统建立的规则和外部知识库,通过调查问卷的方式收集有关学校教育社会风险的相关信息,然后对引起学校教育社会风险的因素及事件进行评估,最终产出专家推荐的有助于加强学校教育社会风险管理的举措。这种工具通常会自动形成风险评估报告,对学校教育社会风险评估的相关信息作出判断,同时分析可能存在的问题及处理办法等。

这种工具使用的可行性主要在于:随着我国学校教育评估体系的逐步健全和完善,已经形成了一批擅长学校教育评估工作的专家队伍,在此基础上,结合相关的学校教育社会风险评估方法,则可以在一定程度上有效分析并提出学校教育社会风险的现状以及风险管理举措。

3. 基于学校信息基础设施的学校教育社会风险评估工具

从近些年学校教育社会风险发生的因素及事件的影响来看,很大程度上是由于学校没有对其办学过程中相关的信息及基础设施的风险状况进行评估,从而为事故的发生埋下了隐患。为此,有必要开发针对学校基本信息和基础设施安全状况的风险评估工具。基于学校信息基础设施的风险管理工具应该包括学校基本信息和基础设施的系统数据库、监测和分析学校信息基础设施风险状况的软件等方面,以对相关的风险因素和事件及时作出反应,并能够根据学校教育安全和建设等

---

① 吴卓群. 日本政府如何巩固提高学校建筑的抗震能力[EB/OL]. 上海情报服务平台,http://www.is-tis.sh.cn/list/list.asp? id = 5166.

② 钱一呈. 外国教育督导与评估制度研究[M]. 北京:中央广播电视大学出版社,2006:209 – 211.

方面的标准或指南及时调整风险管理举措。

总而言之,作为学校教育评估的重要领域和范畴,到目前为止,学校教育社会风险评估在我国还是一项新型的评估,需要借鉴其他领域风险评估方法的成果,并结合学校教育社会风险评估的目标与目的,逐步形成能够有效达成学校教育社会风险评估目标之特有的评估方法。此外,学校教育社会风险评估需要在借鉴其他风险评估工具的基础上,逐步开发适应学校教育社会风险的评估工具,从而提高学校教育社会风险评估的科学性和可操作性。

第三节　学校教育社会风险评估的实施

本节将在论述学校教育社会风险评估的法律依据、管理学依据及技术依据基础上,着重分析学校教育社会风险评估的主要实施步骤。

一、学校教育社会风险评估的依据

学校教育社会风险评估的依据主要包括相关的法律依据、管理学依据及风险评估技术实施角度的依据,这不仅是有序和高效开展学校教育社会风险评估的重要合法性前提,同时也是厘清不同利益主体各自权责的重要依据,由此形成合力,共同做好学校教育社会风险的管理工作。

（一）学校教育社会风险评估实施的法律依据

1. 学校教育社会风险评估作为新的风险评估领域,相关的法律法规散见于一些教育管理与评估工作的规定之中

改革开放以来,为了更好地促进教育事业发展,培养更多适应现代化建设的人才,国家出台了一系列的教育法律法规,其中,对教育工作最具有影响意义的当属教育的根本大法《教育法》(1995年9月1日起施行)。《教育法》第二章教育基本制度中的第24条规定:"国家实行教育督导制度和学校及其他教育机构教育评估制度。"这是我国以法律的形式明确规定了教育评估是我国的一项基本教育制度。此外,《教育法》还单辟章节规定了有关利益各方在教育评估工作中的法律义务和责任,如第六章教育与社会第45条规定:"国家机关、军队、企业事业组织、社会团体及其他社会组织和个人,应当依法为儿童、少年、青年学生的身心健康成长创造良好的社会环境。"第九章法律责任第73条规定:"明知校舍或者教育教学设施有危险,而不采取措施,造成人员伤亡或者重大财产损失的,对直接负责的主管人员和其他直接责任人员,依法追究刑事责任。"由此可见,给师生提供安全的教育教学环境,保障师生的身心健康发展是学校及政府机构的法定义务,否则将承担一定的法律责任。

需要补充的是,民办学校是利用非国家财政性经费面向社会举办的学校及其他教育机构。我国《民办教育促进法》,对民办学校中有关学校的教育教学工作作

出了具体的规定,其中,该法第六章管理与监督第 40 条规定:"教育行政部门及有关部门依法对民办学校实行监督,促进提高办学质量;组织或者委托社会中介机构组织评估办学和教育质量,并将评估结果向社会公布。"第 42 条规定:"民办学校侵犯受教育者的合法权益,受教育者及其亲属有权向教育行政部门和其他有关部门申诉,有关部门应当及时予以处理。"第 43 条规定:"国家支持和鼓励社会中介组织为民办学校提供服务。"上述条款,虽然并没有直接对民办学校教育社会风险评估工作作出直接的规定,但是却对评估主体以及评估的目的及由此有可能侵犯到师生权益方面的问题作出了比较明确而又具体的规定,这就对维护师生的合法权益和开展相关的评估工作提出了明确的法律依据。

到目前为止,我国还没有专门的教育评估法律或者教育评估条例。《暂行规定》对高等教育评估的相关工作提出了具体的指导性意见和明确规定,这对于我国高等教育评估事业起到了很好的推动作用。如我国在《暂行规定》颁布后不久就成立了隶属教育部直属的国家教育教学评估中心,负责在全国开展五年一轮的普通高等学校教育教学评估。还需强调的是:《暂行规定》不仅明确了普通高等学校的评估形式(合格评估、办学水平评估和选优评估),而且在第 6 条明确规定了普通高等学校评估是国家对高等学校实行监督的重要形式,由各级人民政府及其教育行政部门组织实施。即在学校自我评估的基础上,以组织党政有关部门和教育界、知识界及用人部门进行的社会评估为重点,在政策上体现区别对待、奖优罚劣的原则,鼓励学术机构、社会团体参与教育评估。以上说明,《暂行规定》就普通高等学校的评估工作的形式、实施主体及评估工作的组织安排作出了明确的规定。对于其他类型的学校及其教育机构来说,也可以参考《暂行规定》中的有关条款施行,但是从法律的角度来说,并不能直接套用。毕竟,《规定条例》适应对象是普通高等学校,而非其他类型学校及教育机构。

2. 《规划纲要》相关条款体现了党和政府高度重视评估工作

《规划纲要》是我国进入 21 世纪第一个教育规划纲要,是指导 2010—2020 年教育改革发展的纲领性文件。《规划纲要》47 条指出:建立和完善国家教育基本标准,整合教育质量监测评估机构及资源,完善监测评估体系,定期发布监测评估报告。这些要求和规定是改革开放以来党和国家制定的教育政策和法规中前所未有的。《规划纲要》提出了要建立和完善国家教育基本标准,建立科学和规范的评估制度,建立教育质量监测和评估体系。这自然从制度和体系上面进一步规范了评估工作;与此同时,《规划纲要》还提出定期发布监测评估报告,探索与国际高水平教育评价机构合作,形成中国特色学校评价模式。以上这些足以表明党和国家对教育评估工作的高度重视,它必将促进我国教育评估工作的制度化、专业化和规范化,必将有力地指导包括学校教育风险评估在内的教育评估工作,推动整个教育评估事业的发展。

3. 教育评估的重要性日益显现,相关法律法规尚需不断完善从改革开放以来国家出台的一系列政策法规来看,国家对评估工作日益重视,这表明国家对教育管理体制的变革和创新的期望,是国家简政放权、推进学校自主办学的有力举措。但是从根本上来说,到目前为止,我国并没有形成专门的教育评估方面的法律或者条例,而仅有指导普通高等学校评估工作的《暂行规定》。尽管《规划纲要》的一些条款反映出党和国家对教育评估工作非常重视,但就实际的工作需要来看,有关教育评估方面的指导和规定,还存在着许多法律盲点,具体体现在几个方面:① 需要制定专门的教育评估条例。《教育法》第24条明确规定,教育评估是我国的一项基本教育制度,但在其他相关的法律法规中却没有详细的具体细则,仅是针对不同的法律范畴作出了规定。即使针对民办教育的评估工作,《规划纲要》同样也没有提及制定教育评估条例的问题。但依据《教育法》第24条的规定,应该制定教育评估条例,否则实施包括学校教育社会风险评估在内的教育评估工作也就没有法律依据。② 要从法律法规的层面对"督导"、"评价"、"评估"及其管理体系进行法律解释和说明。改革开放后,我国出台的最为重要的教育政策当属1985年发布的《中共中央关于教育体制改革的决定》,该决定明确了教育改革的重心是教育管理体制改革,并将基础教育的管理权限下放至地方。此后,国家出台了《中华人民共和国义务教育法》,又从国家法律的层面提出要规范和引导基础教育事业的发展,大力普及义务教育。在这种政策背景下,国家成立了专门的教育督导机构,以此专门督导基础教育事业的发展,尤其是义务教育事业的发展。目前,国家非常重视评估工作,明确了评估是国家监督和管理教育的一种重要形式。但就教育发展的实际需要而言,督导和评估的关系如何,则需要国家在法律层面给予解释和说明。虽然《规划纲要》中共有37处提到评价或评估工作,但什么是评价,什么是评估,评价与评估有何区别,也同样需要国家在法律层面给予解释和说明。因为这些对于理顺评估机构与其他相关的利益主体的关系,对包括教育社会风险评估在内的教育评估事业的发展来说,都是至关重要的。③ 增加学校教育社会风险评估的评估内容。在《规划纲要》中,有多达20条、37处提到了各级各类教育方面的评估工作,如建立科学的教育质量评价体系,全面实施高中学业水平考试和综合评价;建立健全职业教育质量保障体系,吸收企业参与教育质量评估;改进高校教学评估;加强继续教育的监管和评估等。但是,《规划纲要》却没有提及教育评估的重要方面之一的学校教育社会风险评估。教育社会风险评估对于各级各类教育来说都是非常重要的,需要在各级各类学校教育中高度重视,将教育社会风险在评估的基础上及时发出预警,这样才能够将教育风险降至最低,并能够及时规避风险,从而才能为师生提供一个健康、安全的工作、学习与成长的环境。

(二)学校教育社会风险评估的管理学依据

1. 从管理学的视角看,学校教育社会风险评估是教育管理的重要方式之一

《教育法》第14条明确规定,"国务院和地方各级人民政府根据分级管理、分

工负责的原则,领导和管理教育工作。中等及中等以下教育在国务院领导下,由地方人民政府管理。高等教育由国务院和省、自治区、直辖市人民政府管理。"其第15条规定,"国务院教育行政部门主管全国教育工作,统筹规划、协调管理全国的教育事业。县级以上地方各级人民政府教育行政部门主管本行政区域内的教育工作。县级以上各级人民政府其他有关部门在各自的职责范围内,负责有关的教育工作"。

以上法规可以说是规定了国家和政府管理学校教育的权限与职责。但随着社会经济的社会和教育改革的深入,学校教育面临的情况更为复杂,人民群众对优质教育的需求更为迫切和多元,如何在新形势下对学校教育进行管理,可以说是教育管理体制改革的重心之一。从1985年出台的《中共中央关于教育体制改革的决定》到2010年发布的《规划纲要》,都明确指出了我国教育管理体制的改革方向,即逐步实行管、办、评相分离的办学体制和管理体制。《规划纲要》第45条还提出,要明确各级政府责任,规范学校办学行为,促进管办分离,形成政事分开、权责明确、统筹协调、规范有序的教育管理体制。即中央政府统一领导和管理教育事业,制定发展规划、方针政策和基本标准,优化学科专业、类型、层次结构和区域布局,整体部署教育改革试验,统筹区域协调发展。而地方政府则负责落实国家方针政策,开展教育改革试验,根据职责分工负责区域内教育改革、发展和稳定。

2. 开展学校教育社会风险评估是学校教育管理的重要内容和管理手段之一

学校教育社会风险评估可以有效预防、规避和化解学校教育活动过程中面临的或潜在的各种风险,是加强学校安全管理、提高预防灾害、应急避险和防范违法犯罪活动的能力的重要手段。《规划纲要》第70条提出,要切实维护教育系统和谐稳定。要建立健全安全保卫制度和工作机制,完善人防、物防和技防措施。加强师生安全教育和学校安全管理,提高预防灾害、应急避险和防范违法犯罪活动的能力;加强校园和周边环境治安综合治理,为师生创造安定有序、和谐融洽、充满活力的工作、学习、生活环境。这不仅对学校管理工作提出了新的要求,同时也要求学校管理工作必须转变工作方式。我国学校教育社会风险管理急需从事后的防范为主转变为以全方位的事前监控与管理为主,开展学校教育社会风险评估工作,并在此基础上建立学校教育社会风险预警机制,形成有效的风险管理,这样才能真正实现预期的管理目标。

(三)学校教育社会风险评估的技术依据

学校教育社会风险评估的技术依据主要是指学校教育社会风险评估的相关标准、相关安全管理规定及其他有关学校教育社会风险评估的技术指标等。如学校教育社会风险评估等级标准可分为社会给学校教育带来的风险评估指标和等级标准及学校教育给社会带来的风险评估指标和标准。这些标准是人们诊断和分析学校教育社会风险状况的一个重要技术依据。

二、学校教育社会风险评估实施的步骤

学校教育社会风险评估的步骤是指在明确学校教育社会风险评估流程的基础上加以程序化的过程,包括风险评估的准备阶段、风险评估的实施阶段和风险评估的反馈和跟踪阶段。

(一)学校教育社会风险评估的流程

设计学校教育社会风险评估的流程,是开展学校教育社会风险评估的关键环节和步骤,本质上也就是给开展学校教育社会风险评估一个明确的实施线路图。国家质量监督检验检疫总局在其发布的《信息安全技术信息安全风险评估指南》中,就有一个如何开展信息安全风险评估的具体流程图,如图 5 - 3 - 1 所示:

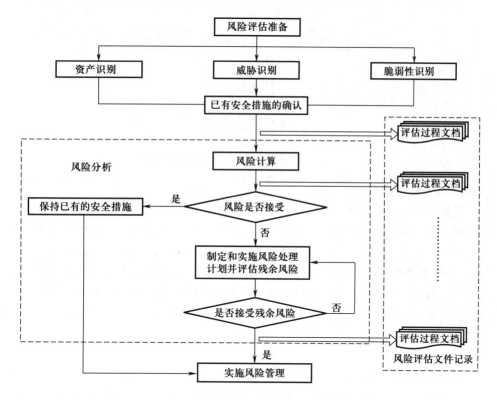

图 5 - 3 - 1　风险评估实施流程图①

从上图可以看出,风险评估实施流程主要包括:风险评估准备、风险识别、已有安全措施确认、风险分析等几个关键环节。其中,风险识别主要是从信息安全管理的三个主要方面,即对资产识别、威胁识别和脆弱性这三个方面进行识别。对于学

---

① 信息安全技术信息安全风险评估指南[EB/OL]. http://www. cstc. org. cn/huananzizhan/tabid/1156/InfoID/87481/Default. aspx.

校教育社会风险评估而言,其评估流程就要更为细致,包括风险评估准备、识别风险、风险存在的问题及其可能性和影响的分析、评估风险并制定新的风险管理计划等,具体如图 5 - 3 - 2 所示。

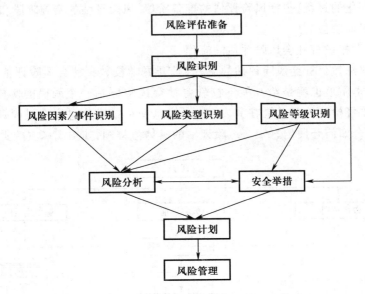

图 5 - 3 - 2　学校教育社会风险评估过程模型

1. 风险评估准备

风险评估的准备是整个风险评估过程有效性的保证。组织实施风险评估是一种战略性的考虑,其结果将受到评估目标、安全需求、学校规模、社会发展现状等方面的影响。因此,学校教育社会风险评估准备阶段的主要任务是制定评估工作计划,包括评估依据、评估目标、评估范围、制定评估方案,并就评估工作需要,组建评估团队,明确各方职责。在风险评估准备阶段,需要多次与评估方磋商,了解评估方关注的重点,明确评估的目标和范围,为整个评估工作提供导向。建立评估团队之后,表明该项评估工作正式启动。

2. 风险识别

风险识别包括风险因素/事件识别、风险类型识别和风险等级识别。由于导致学校教育社会风险发生的因素/事件很复杂,后果也可能多种多样,因此,评估工作团队首先需要通过德尔斐法、问卷调查、访谈、座谈会等多种评估方法来明确本次风险评估的类型,即到底是学校外部因素导致的还是学校内部因素导致的风险。在此基础上,分析风险因素/事件,并根据风险评估的标准判断风险的等级。不同类型的学校教育社会风险,其影响因素可能是不同的,其发生的概率和后果也会不同。因此,风险识别这一阶段至关重要,将直接影响到风险评估的结果的有效性和可靠性。为了提高学校教育社会风险识别的效果,本书归纳了在该阶段需要注意的主要事项(见表 5 - 3 - 1)。

110

表 5 - 3 - 1　学校教育社会风险评估识别阶段的主要事项表

风险识别	识别风险流程	风险分析
风险因素/事件识别	根据评估指标,对风险因素进行分析	风险因素分类 风险事件明晰 风险因素影响排序
	导致风险事件的因素	
	导致最终风险的因素	
风险类型识别	学校外部因素导致的风险	风险来源 明确风险类型
	学校内部因素导致的风险	
风险等级识别	蓝色风险 B	最终风险各表现为 A(0)、B(1)、C(2)、D(3)四个等级
	黄色风险 Y	
	红色风险 R	
	橙色风险 O	

3. 风险分析

在风险识别这一阶段确定存在什么风险之后,接着就是风险分析阶段。这个阶段的工作主要有三项:风险计算、形成风险评估报告和给出风险监控与管理的相关建议。对于学校教育来说,社会风险是多种多样的,有些是完全可以通过评估做到提前预防、规避或降低。高风险和严重风险则是必须避免的,比如学校教育失真(学校已经失去存在的价值,背离了学校的根本办学目的)或者学校倒闭,这些都是严重的风险事件,必须避免。对于中度风险、低风险,人们则需要根据评估的结果提出相应的建议,实施风险管理,来加以规避和降低损失。

（二）学校教育社会风险评估的实施步骤

学校教育社会风险评估实施的步骤与其流程是密切相关的,可以说,评估风险的流程也就是风险评估实施步骤的程序化。为了更好理解这一点,还需要对相关的步骤进行分析。但是,通常意义上,如果从教育评估过程自身的顺序来划分,教育评估的步骤包括准备、实施和结果分析三个阶段。其中,每一阶段又有若干项工作。本书参照陈玉琨在其所著的《教育评价学》一书中所列举的有关教育评价的步骤(如表 5 - 3 - 2 所示),提出学校教育社会风险评估的步骤。

表 5 - 3 - 2　教育评价的步骤①

阶段	任务内容	关键环节
评估准备	评估背景分析 明确评估目标 明确评估范围 明确评估方法 制定实施方案	制定实施方案

---

① 陈玉琨.教育评价学[M].北京:人民教育出版社,1999:28 - 29.

阶段	任务内容	关键环节
组织实施	相互沟通 收集信息 识别风险因素与类型 评估人员的遴选与培训 风险分析与评估	人员的遴选与培训 风险分析的方法 风险结果的处理
反馈跟踪	提交风险评估报告 根据协议决定是否公布 提出完善和规避的建议 跟踪评估方的整改与完善的进展情况	提交评估工作报告 提出意见和建议

1. 评估准备阶段

风险评估的准备阶段包括:确定风险评估的目标、确定风险评估的范围、建立适当的组织机构、建立系统型的风险评估方法、获得风险评估工作领导机构的批准等。就评估的目标来讲,这是评估准备阶段首先需要明确的。开展任何一项评估工作都是有目标的,尤其是对学校教育社会风险评估这种目前还很新的一项评估工作而言更是如此。为此,就需要开展教育社会风险评估的目标分析和背景分析,明确评估目标和范围,在此基础上才能制定实施方案。就制定学校教育社会风险评估的实施方案来讲,主要包括确定风险评估的范围、建立适当的组织机构、建立系统型的风险评估方法、获得风险评估工作领导机构的批准等。方案制定是否合理和可行将直接影响到学校教育社会风险评估工作的有效开展和实施。实施方案因评估项目不同而不同。对于实施学校教育社会风险评估工作而言,实施方案中可能需要慎重考虑的是评估目标的分析、实施组织、人员及进度安排等一些关键环节。毕竟对于一项新的评估工作而言,目标的切合度、组织的周密安排、评估专家的遴选与培训、进度的合理考虑等都非常重要。

2. 评估实施阶段

评估实施阶段意味着评估工作的正式开始,它是评估实施方案付诸实施的过程,具体包括:相互沟通、收集信息、评议评分、汇总整理等一些主要任务。相互沟通是评估工作进入实施阶段的第一个任务,即对评估工作的一些主要环节和重要任务进行多方面的沟通和协商,力求在评估工作中得到有关各方,特别是利益相关者的大力支持;收集信息、评议评分及汇总整理等任务是通过多种方式和途径进行信息收集和整理。对于学校教育社会风险评估而言,信息的收集和整理可能需要多专业人员的参与和分析,这方面就涉及评估人员的遴选和培训工作及信息收集方法和途径的选择。在这一环节特别需要注意的几点包括:信息资料的真实、评估人员的敬业与专业、组织过程的合理与严密、评估方法的得当与科学等几个方面。以上这些都直接影响到评估工作的顺利实施及评估结果的有效性和可靠性。

3. 评估反馈及跟踪阶段

评估不是为了评估而评估,而是为了达成一定的风险管理目标。学校教育社会风险评估工作的预期目标是多元的,但其最终目的是在规避风险、降低风险损失的过程中引导学校利益相关者关注和重视学校的教育风险问题,通过采取一定的举措,为师生创造一个健康、安全的工作、生活和学习环境。因此,评估必须具有反馈和跟踪阶段,即需要将评估的过程及其结果与评估工作利益相关的各方对评估的结果和一些重要问题进行及时反馈和沟通,并针对评估工作中需要学校改进的地方进行跟踪,直至它们都达到预期的目标为止,力求将学校的各项工作中可能或潜在存在的各类风险降至最低或者提前加以规避。

以上是学校教育社会风险评估的几个基本阶段,但在具体的风险评估实施过程中,有几点还需特别的注意:一是学校教育社会风险是否会发生以及风险后果(损失)的程度,需要考虑内外部社会风险在数量和质量上累积的程度。二是学校教育社会风险发生到底是来源于学校教育的内部还是来自外部。与此同时,还需留意的是这两种不同风险源很有可能交融在一起,相互影响,最终导致一定的学校教育社会风险发生。三是学校教育社会风险程度的甄别,即学校教育社会风险达到的程度和有可能造成的伤害及损失,这也需要分析两种情况,一种是风险发生了,另一种是风险没有发生。四是针对诊断学校教育社会风险的级别采取不同的措施。包括风险事件发生后采取的措施及风险事件没有发生而需要注意的事项。

第四节　学校教育社会风险的管理

学校教育社会风险评估是学校教育社会风险管理的起点,是进行风险监控和管理的重要环节。本节在界定风险管理与学校教育社会风险管理这两个概念的基础上,分析了学校教育社会风险管理的主体、程序与基本框架,进而提出有关学校教育社会风险监控与管理的相关建议。

一、风险管理与学校教育社会风险管理

(一)风险管理的缘起与界定

1. 风险管理的缘起

风险管理最早起源于美国。在上世纪三十年代,由于受到1929—1933年的世界性经济危机的影响,美国约有40%左右的银行和企业破产,经济倒退了约20年。美国企业为应对经营上的危机,许多大中型企业都在内部设立了保险管理部门,负责安排企业的各种保险项目,以应对在企业经营过程中遇到的资金风险。至此,风险管理开始进入人们的视野。

1938 年以后,美国企业开始对其经营中的风险采用科学管理的方法,并逐步积累了丰富的经验。20 世纪 50 年代,风险管理逐步发展成为一门学科。20 世纪 70 年代以后,随着企业面临的风险复杂多样和风险费用的增加,法国从美国引进了风险管理,并在法国国内传播开来。与此同时,日本也开始了风险管理研究。近 20 年以来,美国、英国、法国、德国、日本等国家先后建立起了全国性和地区性的风险管理协会。1983 年在美国召开的风险和保险管理协会年会上,世界各国专家学者云集纽约,共同讨论并通过了《101 条风险管理准则》,它标志着风险管理已进入了一个新的发展阶段。1986 年,由欧洲 11 个国家共同成立的欧洲风险研究会,将风险管理研究扩大到国际交流范围。1986 年 10 月,风险管理国际学术讨论会在新加坡召开,表明风险管理研究已经由环大西洋地区向亚洲太平洋地区扩展。

我国对于风险管理的研究开始于 20 世纪 80 年代。一些学者将风险管理和安全系统工程理论及实践操作方法引入中国,少数企业在试用过程中,感觉效果比较明显。但截至目前,我国的大部分企业还缺乏对风险管理的认识,也没有建立专门的风险管理机构。此外,风险管理作为一门学科,在我国仍处于起步阶段。①

2. 风险管理的界定

风险管理(risk management)一般是指凭借对风险的评估、分析、控制等措施,以最有效率的成本,将各种风险发生前、发生时及发生后所产生的经济上及非经济上的不良影响降至最低的一种管理活动。学者宋明哲认为,从非传统的观点而言,风险管理是指如何与风险共处(living with risks)的建构过程。Jones 和 Hood 两位学者以实证论(positivism)与后实证论(post - positivism)的角度指出,风险管理是指为了建构风险与回应风险所采用的各类监控方法与过程的统称。而 Steven Fink 则认为,风险管理是指组织对所有危机发生因素的预测、分析、化解、防范等采取的行动。

企业和实务界对风险管理的认识更为具体和全面。COSO(the committee of sponsoring organization)是美国政府机构所组织的特别委员会,其主要职责是对美国经济进行财务监督、审计,并提出一些建设性意见。2004 年 9 月,COSO 颁布了《企业风险管理整合框架》(COSO - ERM)。该框架已在全球获得广泛的认可和应用。COSO 对企业风险管理的定义是:"企业风险管理是一个过程,受企业董事会、管理层和其他员工的影响,包括内部控制及其在战略和整个公司的应用,旨在为实现经营的效率和效果、财务报告的可靠性及法规的遵循提供合理保证。"基于对风险管理的这一认识,COSO 提出了一个指导性的理论框架——COSO - ER 框架。该框架为公司的董事会提供了有关企业所面临的重要风险及如何进行风险管理方面的重要信息。在 COSO - ER 框架中,企业风险管理本身是一个由企业董事会、管理层和其他员工共同参与的应用于企业战略制定和企业内部各个层次与部门的

---

① 风险管理[EB/OL]. 和讯百科,http://wiki.hexun.com/view/241.html.

和用于识别可能对企业造成潜在影响的事项并在其风险偏好范围内进行多层面、流程化的企业风险管理过程,它为企业目标实现提供合理保证。在此基础上,COSO企业风险管理的构成要素增加到八个:(1)内部环境;(2)目标设定;(3)事项识别;(4)风险评估;(5)风险应对;(6)控制活动;(7)信息与沟通;(8)监控。八个要素相互关联,贯穿于企业风险管理的过程中。①

从以上介绍可知,风险管理是一个管理过程,其中包括风险的确定、量度、评估及风险应对等,目的是把风险发生的概率降至最低、风险造成的成本及损失最小化。需要补充说明的是,理想的风险管理是一连串排好优先次序的过程,它能使其中可能导致最大损失及最可能发生的风险优先处理,而风险较低的则押后处理,由此达到风险管理的预期目标。

3. 风险评估与风险管理的关系

风险评估是风险管理的重要基础,是有效实施风险管理的重要环节之一。国务院国有资产监督管理委员会正式对外发布了《中央企业全面风险管理指引》(以下简称《指引》),对此就做了比较明确的界定。根据《指引》第三章的阐述,风险评估是企业根据收集的风险管理信息对企业整体和各管理及业务流程进行风险的辨识、分析和评价的过程。风险评估是企业在进行风险管理的时候首先要进行的环节,是风险管理的起点,风险评估的结果展示了企业为实现其经营的目标,是在日常经营中需要优先安排进行重点管理的关键风险。全面风险管理工作包括:收集风险管理初始信息;进行风险评估;制定风险管理策略;提出和实施风险管理解决方案;风险管理的监督与改进。

(二)学校教育社会风险管理

由于学校教育社会风险管理在我国尚处于起步阶段,到目前为止并没有相关概念的专门界定。尽管学校教育社会风险管理也是风险管理,但是由于学校教育社会风险管理过程中涉及的因素很多,以及学校教育社会风险的后果有可能影响到多个层面,所以学校教育社会风险管理比一般意义上的风险管理更为困难和复杂。

目前,我国推行的学校责任保险(校园伤害事故保险)可以说就是一种学校教育社会风险管理。教育部、财政部、中国保险监督管理委员会联合发布的《关于推行校方责任保险完善校园伤害事故风险管理机制的通知》(以下简称《通知》)指出:"保险是市场经济条件下进行风险管理和控制的基本手段,充分利用保险工具处理学校发生的安全责任事故,有利于防范和妥善化解各类校园安全事故责任风险,解除学校、家长的后顾之忧,有利于推动学校实施素质教育,有利于维护学校正常教育教学秩序,有利于保障广大在校学生的权益,避免或减少经济纠纷,减轻学

---

① 有关风险管理、内部控制和内部审计[EB/OL]. http://lisong0415. blog. esnai. com/archives/2010/115480. html.

校办学负担,维护校园和谐稳定,促进青少年健康成长。"《通知》还指出,"要加强风险管理和控制,提供针对校方风险的事前、事中、事后的全过程跟踪管理;要提高服务水平,本着公平、公正、高效的原则,探索建立学生医疗救治绿色通道、校方责任保险纠纷的协调解决等机制,及时迅速处理校方责任险理赔工作,为学校提供优质的理赔服务。学校要积极开展安全教育,完善校园安全管理制度,保险公司要在学校配合下做好风险评估工作。各有关部门要充分利用各种公众媒体,采取多种形式,主动宣传开展校方责任保险的重大意义,提升学校对责任保险的认知度,增强其责任意识、风险意识和保险意识,努力营造安全教育与责任保险相结合的良好氛围,促进学校建立与健全风险管理服务体系"。

校园意外伤害风险仅是学校教育社会风险中的一种类型,学校教育社会风险的种类更为多样和复杂,其风险管理工作也更加复杂和困难。从《通知》中人们可以看出,推行校方责任保险仅是降低校园伤害事故给相关利益主体造成损失的一种方法,但是关键还是要完善风险管理机制和举措。因此,学校教育社会风险管理是在对学校教育社会风险进行科学预测与评估的基础上找出风险相关因素,并采取有效措施对风险进行管理的过程。它是一个非常复杂的系统工程,涉及学校教育社会风险的多个风险因素和种类及学校教育社会风险的不同利益主体。

二、学校教育社会风险管理的组织主体与框架

（一）学校教育社会风险管理的组织主体

学校教育社会风险管理涉及不同的利益主体,主要包括学校、政府和社会三大类,具体关系如图5-4-1所示。

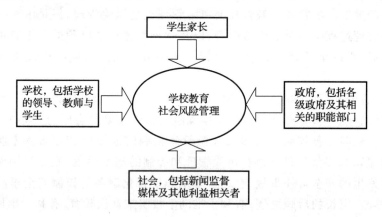

图5-4-1 学校教育社会风险管理的组织主体

在上图中,之所以将学生家长单独列出,主要是考虑到学生家长作为学校教育社会风险管理主体的双重身份,即学生家长作为学生的监护人,时刻与学生保持密切的联系,对学校教育的风险管理可以直接参与;但又作为社会成员,家长参与学校的风险管理又受到一定的局限,需要从社会的角度进行间接监控与管理。由此,也可以将学校教育社会风险管理的组织主体分为三大类:学校、政府、社会。不同的组织主体在学校教育社会风险管理的过程中,其职责与风险管理的机制是不同的,学校主要是自我监控与管理;而政府需要在学校教育社会风险管理过程中进行职能的转型,要求政府树立风险意识,建立风险应对机制,启动风险管理机制;学校教育社会风险管理不仅需要调动社会资源,更需要社会的其他利益相关主体积极投身其中,与学校、政府形成合力,建立一个社会联动风险管理机制,从风险发生的突发事件的处理与应对转变为全过程的监控与管理,将学校教育社会风险降至最低,并力求避免风险,为师生创造一个健康、安全的校园环境,保障师生的健康与安全。

（二）学校教育社会风险管理的关系框架

风险管理是通过发现和分析学校教育活动过程中面临或者潜在的各方面风险,并采取相应的措施规避风险,避免不必要的损失,保障师生生命安全,为师生提供安全健康的学习和生活环境的全过程。其中,政府、社会及学校在其中都起到非常重要的作用,并且需要履行不同的职责,形成合力,共同打造安全、健康的校园环境。三者的关系框架如图 5 - 4 - 2 所示。

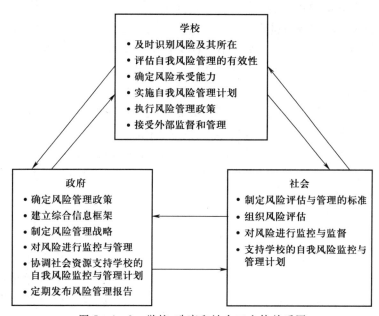

图 5 - 4 - 2　学校、政府和社会三主体关系图

1. 学校的自我风险管理

如上图所示,学校是学校教育社会风险管理的重要主体,其职责一方面需要进行自我监控与管理,即及时了解学校教育社会风险及其所在,确保自我评估风险管

理的有效性,确定风险承受能力,实施自我风险管理计划等;另一方面,还需要接受外部的监督与管理,包括政府的有关风险管理的各项规章制定和法律法规及社会的监控与管理。其中,非常重要的是在实施学校教育社会风险管理计划的过程中,需要将风险应对措施落实到学校的日常管理之中并形成制度化,进而形成一种学校教育风险管理文化。通过制度和文化的力量来影响和熏陶学校的师生,进而提高师生的风险意识和应对风险的能力。在推进学校教育社会风险管理的过程中,学校的自我监控与管理至关重要,特别是面对来自社会的教育社会风险或学校面临的潜在风险方面,学校应该是第一责任人,其日常的风险监控与管理比化解和规避风险更重要。

2. 政府的风险监控与指导

学校教育社会风险管理绝不仅仅是学校的事情,同样也应该是政府的管理范畴。政府的风险管理只能是间接的和宏观的,体现在制定相关的政策法规,规范和指导学校的风险管理及社会的监督与监控,并进行社会资源的整体协调,从而推动学校教育社会风险管理工作,形成良性的联动机制。除此之外,政府还要定期发布风险管理报告,向社会报告学校的管理现状,并鼓励社会更多支持学校的教育社会风险管理工作。校园安全工作之所以能够得到全社会的关注和重视,一个最重要的原因就是政府对学校安全工作的高度重视。如各级政府提出了一些指导性意见,颁布了一系列的政策措施,等等。

3. 社会的风险监督与推动

学校教育社会风险管理工作离不开社会资源的支持和社会的监督与推动。学校的自我监控与管理与社会的风险监督和推动是相互独立、又相互影响的,社会的风险监督与推动既是完善学校教育社会风险管理体系的一个重要方面,又是学校自我风险监控与管理的有力推动因素。毕竟,学校教育社会风险管理是一项系统工程,需要社会的参与和监督。如我国发生的校园犯罪事件,不仅引起了社会的高度关注,很多地方实现了一校一警、警校联动,而且一些城市的社区和志愿者也纷纷加入校园安保的行列。这对于维护校园的安全,给师生提供一个舒心的工作和学习环境至关重要。[①]

(三)学校教育社会风险管理的基本程序

学校教育社会风险监控与管理涉及学校教育工作的不同利益主体,主要的利益主体包括学校及学校中的师生、政府及其社会三大主体。学校教育社会风险监控与管理的基本程序包括风险识别、评估风险、实施监控与风险管理效果评价等环节。从风险评估的角度来看,形成有效的学校教育社会风险监控与管理机制大致可分为两大模块:学校的自我风险管理、政府及社会的风险管理。在此基础上,形成一个良性互动的风险预警与风险管理机制。

---

① 校园安全保卫战[EB/OL]. http://news.sohu.com/20100508/n271999165.shtml.

学校教育社会风险监控与管理的基本程序包括风险识别、评估风险、实施监控与风险管理效果评价等环节。风险识别环节主要是对学校教育所面临及潜在的风险加以判断、归类整理,明确风险的类型以及风险的等级,并对风险的性质进行鉴定的过程。评估风险则是指在风险识别的基础上,通过采用适当的评估方法对所收集的大量信息进行分析,对所面临的或潜在的风险进行预测并评估,估计和预测风险有可能造成的危害和损失。实施监控则是根据风险评估的结果设计相应的风险监控流程,主要包括制度的设计、岗位安排和职权划分,由此形成风险监控机制,及时采取相应的对策;由于学校教育涉及的风险因素和类型比较复杂,实施监控还应遵循"关键领域、重点监控"的原则。风险管理效果评价是分析、比较已经实施的风险管理方法及风险监控举措与预期的风险管理目标的契合度,以此来评判风险管理方案的科学性、适应性和有效性,从而能及时对风险管理的关键环节与机制进行调整,作出科学、有效的风险管理部署。

学校教育社会风险监控与管理的基本程序具体如图 5 - 4 - 3 所示:

风险识别:对学校教育所面临以及潜在的风险加以判断、归类整理,明确风险的类型以及风险的等级,并对风险的性质进行鉴定的过程。

评估风险:在风险识别的基础上,通过采用适当的评估方法,对所收集的大量信息进行分析,对所面临的或者潜在的风险进行预测并评估,估计和预测风险有可能造成的危害和损失。

实施监控:根据风险评估的结果,设计相应的风险监控流程,主要包括制度的设计、岗位安排和职权划分,由此形成风险监控机制,及时采取相应的对策;由于学校教育涉及的风险因素和类型比较复杂,实施监控还应遵循"关键领域、重点监控"的原则。

风险管理效果评价:分析、比较已经实施的风险管理方法以及风险监控举措与预期的风险管理目标的契合度,以此来评判风险管理方案的科学性、适应性和有效性,从而能及时对风险管理的关键环节与机制进行调整,作出科学、有效的风险管理部署。

图 5 - 4 - 3　学校教育社会风险管理的基本程序

以上这些环节之间相互影响,如风险识别不仅影响到风险的评估,而且还将影响到采取何种风险监控措施等。此外,风险管理效果评价也同样会影响到其他环节,其他环节也相应需要作出调整,从而采取更为有效的监控与管理举措。

三、我国风险及学校教育社会风险管理的基本状况

(一)我国风险管理的现状

我国出台了诸多有关风险管理的法律法规,但尚未形成科学有效的风险管理机制,具体表现在以下几个方面。

1. 我国有关风险管理的法律法规

在法律法规体系方面,我国已经出台了大量有关风险管理的法律法规,如《中华人民共和国消防法》、《中华人民共和国安全生产法》、《中华人民共和国防震减灾法》、《中华人民共和国防洪法》、《突发公共卫生事件应急条例》等。在许多专业领域,如消防、减灾等领域,法律法规体系已经比较完备。在对风险的应急回应机制建设方面,我国分别建立了一些针对不同类型、不同领域的应对体系。比如,在核安全领域,我国建立了国家、省(市、自治区)和核电站三级管理体制,实行"常备不懈,积极相容,统一指挥,大力协同,保护公众,保护环境"的工作方针,确保核能生产安全。此外,针对不断出现的新情况、新问题,我国还在不断调整和更新现有的风险管理体系。2003年"非典"危机爆发后,国务院办公厅成立了突发事件应急预案工作小组,把建立突发事件应急预案的工作作为国务院工作的一个重点。工作小组把突发事件分成自然灾害(如地震)、事故灾害(如重大生产事故)、公共卫生(包括生物安全)、社会治安(包括社会动乱、骚乱等)四个大类,要求与各类突发事件相关的政府部门都作出各自的应急预案。除上述国家部门开展的风险管理活动外,部分民间组织和学术机构也积极参与了风险管理工作。如经过民政部的批准,大陆自然灾害防御委员会成立了大陆第一个专门进行风险研究的社团组织风险分析专业委员会;许多大学和研究机构,长期以来对自然灾害、工程风险、经济风险、危机管理等与风险管理有关的问题进行了研究。

2. 我国风险管理仍有许多有待改进和完善的地方

与国际上先进国家的风险管理体制相比,我国的风险管理还存在明显不足之处:第一,以分散管理为主,风险处理系统难免脆弱。在国民经济和社会发展中,我国一直以来是对快速的经济增长和社会开放中的发展问题给予了重点关注,在风险管理方面,一个明显的缺陷就是合理的风险监控和处理机制尚未建立起来和知识储备不足。在面对风险时,我国负责社会风险处理的整个国家行政机构,相互之间分割严重,配合生疏,部门利益保护倾向严重,很难达到风险处理所需要的协同作战和资讯共用程度。第二,风险管理为政府行为为主,民间力量尚未充分发挥。受计划经济体制等历史背景的影响,我国的风险管理工作长期以来由政府大包大揽,风险管理以政府行为为主,企业、非政府组织没有发挥应有的作用。到目前为止,涉足风险管理的非政府组织和学术机构较少。第三,对潜在风险的评估和预警管理相对滞后。社会大多数成员没有意识到现代社会本身就是风险社会,风险不只是一次性突发事件,而是现代社会的常态。风险管理还没有纳入到政府和其他社会组织的日常工作体系中去。而且,对风险的管理是一项系统工程,包括风险评估、风险预警、应急应对(紧急状况的管理)及灾害恢复等多个环节,风险真正发生时的应急手段只是风险管理的一部分。我国的风险管理工作更多侧重于风险发生后的应急管理和灾害恢复,在风险评估和预警机制方面的管理水平有待提高。第四,与风险相关的研究工作相对滞后。我国许多学术机构都开展了针对各种具体灾害和风险的研究,但这些研究活动都是以部门为单位分头进行,并且以各专门领域的灾害或风险控制为主,而缺乏总体性的风险分析或风险研究。我国的风险研究分散在各个学科之下,还没有成为一个独立的学科,研究方法以自然科学为主,缺少社会科学和管理科学的参与。而且,我国目前还没有专门的风险研究机构。[①]

（二）我国学校教育社会风险管理的现状

与社会风险管理的工作现状相比,作为这个大系统中的重要组成部分的学校教育社会风险管理工作尚处在起步阶段,具体表现在以下几个方面:

第一,我国尚未形成系统、有效的风险管理机制。一方面,尽管我国出台了许多有关风险管理的法律法规,但是这些法律法规的执行效果尚未有实证的结论,此外,风险管理主要还是不同行业的自我风险管理为主,并未形成一个系统的风险管理机制,以至于风险管理工作并未全面纳入政府的日常管理工作之中,一定程度上仍然体现的是针对突发事件的应急管理和灾后恢复重建工作。另一方面,学校教育社会风险管理尚未形成真正有效的风险管理机制,仅处在初期的探索阶段。这种情况造成了一旦新的风险出现,人们无法及时有效应对的局面。如汶川大地震中校舍的倒塌和师生的伤亡,给我国造成了巨大的损失;又如2010年发生的数起重大校园恶性事件,给学校教育社会风险管理工作再次敲响了警钟。为此迫切需要改进和完善校园安全管理工作,为师生提供一个安全、健康的校园环境。

第二,以分散管理为主,注重突发事件的应急管理。尽管我国一向高度重视校园安全,及时化解校园风险,但是在组织和管理模式上还是以分散管理为主,即以地方和学校自我管理为主,只有面临重大性事件,才会凸显出国家对突发事件的应急管理,形成一定的联防联治的举措。如2010年发生的校园血案,我国政府紧急行动,部署严厉打击侵害师生、儿童生命财产安全的违法犯罪活动,全面加强校园安保。[②] 胡锦涛、温家宝等中央领导高度重视,多次作出重要指示,要求依法严肃处理犯罪分子,精心治疗受伤人员,切实加强校园安全防范,严防类似案件再次发生,维护社会和谐稳定。国家的相关部委以及各级政府均积极采取措施。公安部紧急通知,采取一切措施制止行凶者;教育部紧急通知,防止来历不明人员进入校内;各地多举措急补安全漏洞。一时间校园安全升至国家战略,许多地方动用警察来防范校园安全问题。[③] 尽管上述举措在一定程度上会打击校园犯罪,震慑犯罪分子,保护了校园安全,但是,这毕竟是一种应急处理风险的管理举措,而非管理常态。

第三,以政府的行政命令和政策指导为主,并未形成社会的行为。风险管理是一项系统工程,涉及多个利益主体的切身利益,需要全社会共同关注,并最终形成

---

① 尹建军.社会风险及其治理研究[D].中共中央党校博士生论文,2008:102 - 103.

② 中国官方严密部署校园安全,严打恶性案件[EB/OL].中国新闻网,http://www.chinanews.com.cn/edu/edu - zcdt/news/2010/05 - 13/2279812.shtml.

③ 校园安全升至国家战略,问责应成长效机制[EB/OL].http://news.xinhuanet.com/politics/2010 - 05/05/c_1273991_2.htm.

风险管理的社会联动机制,才能真正将风险管理融入到日常的管理工作之中,成为日常管理的重要内容和重要环节。而我国目前对社会风险管理的关注和重视,一直体现的是政府行为。政府的风险管理行为固然至关重要,但是这一个侧面反映我国风险管理还处于起步阶段,需要不断推进,充分发挥社会的力量,进而提升社会的整体风险管理水平和能力,实现社会的稳定和谐发展。教育部、财政部、保监会已于2008年4月3日发布了《关于推行校方责任保险完善校园伤害事故风险管理机制的通知》(教体艺〔2008〕2号),其中,由国家或社会力量举办的全日制普通中小学校(含特殊教育学校)、中等职业学校,原则上都应投保校方责任险,并尽快全面实现应保尽保,校方责任险基本范围包括因校方责任导致学生的人身伤害,依法应由校方承担的经济赔偿责任,以此进一步完善校园风险管理机制。同年9月1日,由教育部、公安部、司法部等十部委下发的《中小学幼儿园安全管理办法》(下称《办法》)正式实施。《办法》是我国第一个专门关于中小学安全管理的法规性文件,是第一个以十部委部长令的形式发布的有关中小学安全管理的文件,也是第一个与新修订的《义务教育法》配套的法规性文件。但从上述的相关通知和办法,发现目前我国的教育社会风险管理还是以政府的行政性指令为主,并未形成风险预警与风险管理的良性机制。

以上表明我国学校教育社会风险监控与管理工作还仅处在起步阶段,虽在保障师生的生命安全及降低学校和师生的经济损失方面取得了一些成效,但就完全意义上的学校教育社会风险管理而言还是远不够的,为此就需要政府、学校及社会多方努力,共同为师生创造一个和谐的校园环境。

四、推进我国学校教育社会风险监控与管理

学校教育社会风险管理在我国日益受到关注和重视,并逐步得到完善。在此过程中,还需要知道如何完善我国的学校教育社会风险管理,以指导人们的具体实践。本书认为,学校教育社会风险管理要有法可依、依法进行,需要各利益主体共同参与,需要学校自我风险管理与社会风险管理的有机结合,从而形成一个统一的、动态的风险管理体系。

(一)加快学校教育社会风险管理的立法进程

学校教育社会风险管理还需要依法进行,并依法加以保证,从而为教育社会风险监控与管理提供重要的法理基础。

学校教育社会风险管理是防范校园风险的基础性工作,这在我国尤为重要。一方面,学校教育社会风险管理在我国还是一项崭新的工作,需要合法介入,进而整合社会的资源,开展相关的研究,以指导人们的实践;另一方面,学校教育社会风险管理是一项需要有相关政策法规保证的一项重大的科学性工作。而截至目前,《普通高等学校教育评估暂行规定》主要用以指导普通高等学校的教育评估工作,并未对其他类型学校以及其他类型的评估工作作出相关的规定。除此之外,我国鲜有学校教育社会风险管理方面的法律规定。事实上,学校教育社会风险管理如何开展,其相关的工作标准、程序、管理等工作都需要依法予以开展,只有这样,才能提高教育社会风险管理工作的规范性、科学性和有效性。

(二)确立学校教育社会风险评估的多主体联动体制

实施风险管理,需要利益相关各方共同参与,形成有效的联动机制。近年来,校园安全问题引起社会的高度关注,党和政府及时采取了果断的措施加以防范和预防,并将之上升到国家高度,其中北京市政府要求区县教委承担校园安全的主体责任,校长或园长为第一责任人,以此落实校园安全管理主体责任,并要求公安部门担负起校园安全监管、校园周边治安秩序维护的责任。各学校也都结合实际采取了有力的举措来加强校园的安全工作。但是,正如教育部应急管理咨询专家组社会安全领域专家组成员、北京师范大学政治学与国际关系学院院长助理施雪华教授所认为的那样,校园安全问题不只是教育部门的问题,而是一个社会问题。因此,校园安全防范应该依靠全社会的力量,仅依靠教育部门和学校的力量是远远不够的。对此,施雪华还认为,要建立真正的校园安全风险防范机制,首先要通过法制、公共政策来解决社会公平问题,让更多的人享受到社会发展的成果。其次,整个社会要倡导健康的生活方式,减少心理问题,对失业等社会人群给予更多的关心,以免将个人的心理问题转化成社会安全问题。再次,学校内部也要加强安全管理。要将校园的安全制度建设起来,而且要责任到人,采取领导人负责、一票否决制,要把学校安全工作作为办学基本条件予以考虑。[①]

以上分析表明,学校教育社会风险管理需要凝聚全社会的力量来整合全社会的资源共同关注和重视学校的风险防范和管理工作,即合理分配政府、学校和社会等各利益相关主体的风险管理责任,强调通过系统的、动态监控的制度安排和政策思路,有效处置来自学校内部和学校外部的各类风险,以将学校教育打造成一个安全的工作、成长和学习环境。

(三)建立自我管理与社会管理有机结合动态的管理机制

学校教育社会风险管理应是学校自我风险管理和社会风险管理的有机结合,并在此基础上形成统一的风险管理体系,构建动态联盟的风险管理机制。由于学校教育社会风险管理涉及不同的利益主体,且学校教育面临风险的不确定性,为此有必要在形成统一协调运作的风险管理体系的基础上,构建一个动态联盟的风险管理机制,以此来防范、降低学校的教育社会风险。

学校教育社会风险管理机制是针对学校教育的风险问题及其诱因而建立的,具有预防规避风险或减少风险损失的功能,其管理系统内学校的自我风险管理与社会的风险管理是相互作用和相互影响的,如何发挥这种影响的凝聚力,需要构建一个动态联盟的管理机制,即在现有的学校应急管理的基础上,着力于构建以学校

---

① 校园安全事件频发,专家认为应启动专项立法[N].法制晚报,2010 - 05 - 13.

自我管理、政府监控、社会参与监督的动态联盟机制。在这之中,如何在基于风险评估的基础上构建一个科学、有效的风险动态数据平台,并能根据这个平台数据的变化,相关的风险管理利益主体能够及时采取措施有效化解或规避风险至关重要。

此外,作为社会风险管理的重要组成部分,学校教育社会风险管理还需从社会风险管理的视域监控和管理学校教育的社会风险工作。学校教育社会风险不仅是社会风险中的一个重要领域,而且学校教育社会风险涉及的诸多风险因素和风险事件有时也是校内外多种因素综合造成的结果。因此,化解或避免学校教育社会风险,降低或规避学校教育社会风险的损失,就需要从整个社会的大环境出发,即从社会风险管理的视域来监控和管理学校教育社会风险工作。只有这样,才能提高学校教育社会风险管理的有效性,实现风险管理的目标。

第六章 案 例 评 析

第一节　公平配置教育资源，从学校教育起点防范风险

如本书前文所述，风险是一种可能性，是指某一特定危险情况发生的可能性，因此重在"防患于未然"；尤其是学校教育社会风险的防范更要及早进行，因为学校教育关涉千家万户。在学校教育社会风险的防范与规避中，教育资源配置是一个值得关注的要素，因为教育资源配置是学校教育正常运作的保证，也是体现教育公平的重要指标，也是引发学校教育社会风险的一个关键要素。这就需要人们高度重视教育资源的公平配置，从学校教育起点就有效规避可能导致的风险。

一、案例描述①

某市由于教育发展的不均衡，城乡学校之间差距很大。2000 年，43 所农村中小学资产总额仅为 3 403.8 万元，尚不及 24 所城市中小学资产总额的一半。固定资产投资差距明显，这类问题在很多地区存在，反映了城乡教育资源分配不均的问题。

教育公平是个人发展起点的公平，是社会公平的重要组成部分。基于以上认识，整合城市、农村优质教育资源，促进教育公平的浪潮在该市兴起。

该市以打造教育强市为目标，致力于保障教育优先发展，想方设法加大教育投入，努力改善各级学校办学条件，创设教育发展的优良环境。2006—2007 年，该市先后总投资 1 209 万元，修建了某小学教学楼、某中学教学楼等 5 个项目，总建筑面积近 1.4 万平方米。与此同时，多方筹资 250 万元，对 38 所中小学完成危房维修改造工作。

2008 年，该市在建教育项目达到 6 个，计划投资达 3 339 万元，总建筑面积达 2.6 万多平方米。高速增长的教育投资使该市教育基础设施建设有了质的改变，农村入学率达到 99.4%。"在农村最美丽的建筑就是学校"是该市教育基础设施建设的真实写照。

优质教育资源的稀缺性，不可能满足所有家长对子女接受更好教育的迫切心理，致使重点学校人满为患，择校成风，非重点学校生员剧减。为了让更多的学生享受到优质教育资源，该市用两年多的时间进行了有益尝试。

---

① 马廉朴，等.多轮驱动强基础－整合资源促公平[N].民族日报,2008－7－3(5).

为了整合教育资源,2006 年,该市市委、市政府出台《关于加强初中教育工作的意见》,该意见指出:"由于历史、地域、经济、文化等因素的制约,目前我市教育发展的总体水平与全市社会经济发展和人民群众对教育的需求仍然有一定的差距。特别是初中教育工作,多年来一直采用'成绩'加'志愿'的录取办法,客观上造成了城市初中校际间的差距。此外,在教学管理、教学质量等方面也存在明显的不平衡性,这不能适应我市教育发展的客观要求,也不符合国家义务教育法的有关规定。如不尽快采取有效措施改变这一现状,我市教育发展将受到制约。为此,迫切需要进行初中招生制度的改革和教育资源的整合。"

为了满足普及义务教育阶段教育的要求,满足学校发展与城市发展和人口增长相适应的根本要求,按照分类指导、质量效益并重、便于就近入学的原则,由该市一中整合某中学,市二中整合市四中,市区保留两所中学,实行统一管理,分部教学,资源共享。2008 年,在建筑面积为 7 654 平方米的某中学教学楼投入使用之际,该市又将此中学和另一所中学资源整合,解决了两校校舍危房多、容纳学生紧张的问题,该中学长期租用、承包土地办学的困境迎刃而解。

2008 年,该市相关人员在考察外省市教育集团化办学模式的基础上,以资源整合、推进全市小学教育均衡发展为着力点,在全省率先成立了两家教育集团,即该市某两所小学教育集团。两个教育集团实行"一支队伍,校长负责,分年级、分部教学"的办学及管理模式,通过名校输出品牌、师资、管理,推进各校区的标准化建设和规范化管理,实现优质教育的均衡和普及。

实施集团化办学,整合了全市教育资源,推进基础教育均衡发展,有利于充分调动更多学校办学的积极性、主动性和创造性,有利于加快推进办学体制改革,提高中小学整体办学效益和水平,实现优质教育普及化。这是该市深化教育改革的又一重大举措。

该市通过整合资源,进一步优化了教育结构,深化了教育改革,逐步消除薄弱学校,壮大了优质教育资源扩张速度与规模,推进了全市教育的均衡发展,有利于学校办学水平和教育质量整体提升,保证了广大适龄少年儿童都能接受良好的教育。

二、案例评析

学校教育的有序运作和健康发展受到诸多条件的制约。从学校教育内部着眼,这些条件既包括经费、学校用地、各种校舍建筑、教学和生活的设施与设备、管理设备等这些硬件条件,也包括师资水平、管理水平这些软件条件。这些基本的条件得不到保障,譬如教育基础设施简陋、教育经费保障缺乏以及教育基本环境恶劣等,都会转变成风险因素和事件,从而给教育带来不良后果和风险,影响学校教育的正常运行乃至危害教育的长足发展。

我国地区经济发展水平存在不均衡性。经济发展水平和传统教育投资的差异,区域之间、城乡之间和学校之间在教育资源配置方面存在较大差异,导致我国学校教育办学条件参差不齐。与此同时,随着生活水平的不断提高,人民群众对教育需求的日益增长,使得日益增长的教育需求与有限的教育供给,特别是与优质教育资源供给之间的矛盾逐渐暴露出来。这些问题实际上已上升为我国在社会转型期极为敏感的教育公平问题。《国家中长期教育改革和发展规划纲要(2010—2020年)》把促进公平作为国家基本教育政策,明确提出教育公平是社会公平的重要基础。如何通过公平配置教育资源,全面改善学校办学条件,实现教育公平,不仅成为教育改革与发展中亟待解决的问题,更是我国当前学校教育社会风险防范和规避的重要问题。

依据本书学校教育社会风险管理的关系框架,学校教育社会风险管理不仅是学校的事情,同样也应该是政府的管理范畴。政府在学校教育社会风险管理中承担着义不容辞之责任。一般政府对学校教育社会风险的管理,是以间接和宏观调控的方式进行的。

一方面,本案例显示了政府在化解学校教育社会风险中的重要地位和作用。如:教育资源中的教师资源是决定教育发展水平的关键因素之一,该市市政府通过建立教育集团,输出优质师资,实现师资队伍的均衡。再如:薄弱学校的存在影响了教育公平,调整学校布局以扶持薄弱学校也成为教育资源公平配置的一个重要内容。案例中的市政府有针对性地制定相关政策,“实行统一管理,分部教学,资源共享”,缩小薄弱学校与优质学校之间的差距。

另一方面,本案例也显示了政府以间接和宏观调控的方式进行学校社会风险管理的手段和方法。一是经济支持和财政倾斜。在本案例中,该市政府“致力于保障教育优先发展,想方设法加大教育投入,努力改善各级学校办学条件,创设教育发展的优良环境”。二是政策引导。教育事业被国家高度重视,决定了教育政策的重要性。“教育政策是政府为了解决教育方面的公共问题和实现一定的教育目标,通过决策和计划,对全社会的价值做权威性的分配而采取的一系列行动。”[1]在此案例中,城市初中校际间存在较大差距,该市市委、市政府及时出台了《关于加强初中教育工作的意见》,采取有效措施,整合教育资源,尽快改变了这一现状。

当然,风险管理是一个管理过程,其目的除了把风险造成的成本及损失最小化,更在于把风险发生的概率降至最低。因此风险管理的一个重要环节就是风险监控与评估,即通过风险监控与评估预测风险并化解潜在风险。就学校教育社会风险的管理而言,为了切实保障教育事业优先发展的战略地位,为了确保教育对我国社会发展的有力支撑,各方必须协同努力。具体到教育资源公平配置而言,教育资源配置政策涉及政府、学校、教师、学生及家长等多方主体的利益。为了保障各类教育利益主体的利益诉求,政府要通过政策与法律扶持,引导全社会对教育的关

---

① 李孔珍,洪成文.教育政策的重要价值追求——教育公平[J].清华大学教育研究,2006(6):65-69.

注与支持。同时,运用评估的手段,加强国家对学校教育工作的宏观管理与指导,促使各级教育主管部门重视和支持学校的教育工作,促进学校自觉地贯彻执行国家的教育方针,按照教育规律进一步明确办学思想、改善办学条件、加强教育条件的基本建设,使办学条件不断改善,提供优质的教育资源,办让人民群众满意的教育。

第二节　牢固树立风险意识,以保障学校教育全程"零风险"

依据本书中的界定,学校教育社会风险主要指学校教育在运行活动过程中未来结果的不确定性或损失。该界定于人们的启示在于:学校教育整个过程都可能面临各种风险。同时,风险产生和存在的前提是风险因素。学校教育社会风险因素的构成具有复杂性和多变性,各种相关因素,如天灾、人祸以及其他因素都可能在一定条件下转化为学校教育社会风险因素。这就要求在学校教育全过程都牢固树立风险意识,及时发现和排除风险因素,这样才能把学校教育的"临风险"转化为"零风险"。

一、案例描述①

随着社会主义市场经济的迅速发展,政治体制、教育体制改革逐步深入,各方面矛盾在高校校园中时有体现,学校教育风险也常常以不同形式暴露在高校校园中。与此同时,随着我国高等教育逐渐步入大众化的发展阶段,高校办学规模不断扩大,高校在人员、物资、信息等方面与社会交流互动的频度不断增加。高校办学主体已由过去的单一型转变为多元型,办学模式由过去封闭式办学转变为开放式办学,校园空间由过去的单一校区转变为多校区,治安环境由过去的单纯化转变为复杂化,治安管理方式由过去的内部管理转变为社会化管理。这些新的变化给高校校园安全带来了新的挑战。譬如:由于办学规模的扩大,带来了巨大的服务需求和商业机会。学校临时用工人员的大量涌入,形成了庞大的流动人口群体,引发了治安和安全问题,如伙食中毒、校园暴力、疾病蔓延等。再如:目前高校在校园基础设施建设过程中,比较重视新校区的规划与建设,忽视老校区,特别是老旧设施的维护改善;比较重视教学楼、实验楼、图书馆等重点项目的建设,忽视相关配套设施建设;比较重视教学科研设备的投入,防火、防汛、防盗、防疫、防交通事故等安全设施的投入相对不足。这致使校园自身的安全功能不健全,安全隐患长期积压,形成巨大的安全压力,威胁着高校整体利益和师生人身财产安全。大学生伤亡的事件

---

① 张聪.高校校园安全问题值得关注[N].中国信息报,2011－9－5(6).

也在近几年呈现出增多的趋势。① 高校校园安全问题内涵广泛,涉及如下几个方面:

一是校区整体安全。随着很多高校新校区的大规模建设,高校与周边社区的人员往来越来越密集,特别是处于城乡结合处的社会成员往往身份复杂、动机不一,小旅店、小饭馆、私营网吧等成为很多青年学生出入的场所。很多不法分子也往往瞄准高校新校区的安全漏洞,伺机进行入室盗窃、行凶抢劫、暴力诈骗等,这些刑事案件常常困扰着新校区的建设与进一步发展。在对北京部分高校大学生的校园安全问题进行调查后,调查数据显示:有52%的大学生认为校区安全管理存在隐患,安全教育不够;有41%的大学生认为在宿舍安全管理方面存在严重不足;有57%的大学生认为大学组织的消防演习次数较少,甚至有的学生从没经历过消防演习。这些数据充分表明:高校扩校、并校所带来的校区整体安全问题值得关注。

二是学生宿舍安全。由于我国的绝大多数大学属于开放式办学,虽然学生宿舍按规定应该实行严格管理,但由于部分宿舍管理人员的安全责任心不强,对存在的不安全因素不能及时发现并予以清除,尤其在夜间更难以有效处理众多的宿舍安全问题。一些学生宿舍常常使用大功率的电器设备,造成高校电力设施处于高负荷运转状态;很多高校的安全通道时常被占用,增加了发生火灾的隐患;一些学生自我保护意识较弱,私自留宿外来人员、离开宿舍时不及时锁门等,这些现象更给不法分子以可乘之机。

三是大学生心理安全。作为未来社会发展的重要力量,处于心理成熟期的大学生往往表现出苦闷、烦躁、抑郁、焦虑等心理。传统的校园安全教育对大学生心理健康关注不够。大学生进入高校后,往往面临着来自社会、家庭、经济、交友多方面的压力,一部分身体健康状态较差、心理比较脆弱的大学生难免会产生各种各样的心理问题和精神障碍,甚至演变成精神疾病,导致轻生或对他人攻击等校园不安定因素。这些因素如同一颗定时炸弹,时刻威胁着高校师生的人身安全和校园稳定。

高校校园安全问题,既有内部的因素,也有外部的诱因;既有必然的安全隐患,也有偶然的突发因素;既有一般性的非安全事件,也有特殊性的恶劣事件。面对高校校园安全存在的诸多问题,切实维护高校校园安全刻不容缓。

二、案例评析

在风险管理的视域,对风险因素的预测、评估和控制意义重大。本案例涉及校园安全的种种问题,都可以看做是导致学校教育社会风险的因素。

从校园整体安全看,"随着很多高校新校区的大规模建设,高校与周边社区的人员往来越来越密集",这实际上是导致学校教育社会风险的环境因素。该风险

---

① 杨霞.和谐校园视野下高校安全工作刍议[J].中国科教创新导刊,2011,(28):232－233.

因素如果不及时排除,轻者导致校园师生财物失窃等物质损失类的风险事件,重者导致校园师生身体健康、乃至生命受到危害的风险事件。对此的防范提示是:要加大校园周边环境监管和综合整治力度,严格按照《中华人民共和国治安管理处罚条例》,对校园周边的酒吧、舞厅、网吧、无证经营店铺和流动摊贩加大整治取缔力度。加强农村、城乡结合处地区学校周边交通管理,加大非法营运车辆整治力度,有力保障学生出行安全。同时,要明确教育、公安、卫生、文化、建设、城管、安全监管、食品监督等部门的各自职责,进一步理顺工作体制、机制,及时整改发现的相关问题,建立并落实责任追究制度,逐步形成一个部门主管,多个部门协同配合、联合行动的制度化、规范化长效机制。此外,学校作为教育社会风险的责任主体,除了积极主动地配合相关部门做好风险防范工作外,还要落实校园食杂店定点采购、索证索票制度,努力改善学校生活条件,尽可能抵御学校周边环境的诱惑和干扰。

从学生宿舍安全看,"高校电力设施处于高负荷运转状态","安全通道时常被占用","私自留宿外来人员、离开宿舍时不及时锁门",这些可以归结为来自学校内部的风险因素,暴露了学校管理中的一些问题。这些因素如果不及时排除,极易导致火灾、不法分子盗窃、行凶等风险事件,威胁广大师生的生命安全,影响学校教育活动的正常运行。对此的防范提示是:学校需要探索校园安全风险评估,提高抵御风险能力,同时,着重推进校舍安全工程,加大"人防、物防、技防"力度,建立"人防、物防、技防"三位一体的校园风险防控体系。譬如:在"人防"方面,建立校长负责、由学校师生代表参加的校内安全工作领导机构,设立保卫机构,根据学校规模和实际配备专职安全保卫人员。在"物防"方面,按需及时配备校园安保器械,学生宿舍应安装消防专用防盗网。在"技防"方面,教育、公安部门联手,实施技防设施建设达标工程,通过安装校园监控摄像头、红外线报警器等装置,对重点部位、重点房舍进行重点监控,一旦出现险情,能够确保公安干警快速出警。

从大学生心理安全看,"处于心理成熟期的大学生往往表现出苦闷、烦躁、抑郁、焦虑等心理","往往面临着来自社会、家庭、经济、交友多方面的压力",这些可以看作是来自学生自身、学校和社会各方面的风险因素的综合体现。这些错综复杂、交织在一起的风险因素如果不及时得到控制,就会导致学生伤己和伤人的风险事件,给学校教育带来极大的负面影响和损失。对此的防范提示是:要加快落实学生定期健康体检制度,完成学生健康档案管理。要加强学生心理健康教育与疏导过程,在现任教师队伍建设取得较快进展的基础上,深化心理健康教育,适当补充心理健康专业教师,加强其他教师的心理健康课程培训,提升教师心理健康教育的整体水平。此外,还要构建平安和谐的校园环境。校学生管理部门以及广大教师要真正做到以生为本,探索实行走访活动,采取到学生寝室探望走访、召开座谈会等形式,广泛收集学生对学习和生活等方面的建议和意见,全面适时地改进学校工作,及时排查学生面临的困惑和压力,防患于未然。

总之,立足于学校教育社会风险管理,学校教育全过程都要牢固树立风险意识。要充分认识到:学校教育的风险防范,事关学生个人的健康发展,事关家庭幸福,事关教育事业的可持续发展。各级政府要高度重视学校教育风险监控和防范工作,将其作为一项民生工程,一项和谐社会建设基础工程来落实推进,着重从建构组织网络,健全制度架构,完善协作机制等方面谋划。学校作为学校教育社会风险管理的重要主体,其自我风险预防和管理举措是加强学校教育风险管理的重要环节和途径。学校要高度重视学校教育风险监控与防范,充分认识学校教育风险管理工作的长期性、艰巨性和复杂性,需要社会各界联手牢筑"防护网",才能够保证学校教育全程的"零风险"。

第三节　破解大学生就业难题,以防范教育结果中的潜在风险

如果将学校教育比作一个流程,这个流程包括"输入—过程—结果"三个环节。学校教育结果既反映了学校教育的状况,同时又反作用于学校教育,促进或者阻碍学校教育的运行与发展。因此,人们不仅应及时对学校教育结果的优劣进行评估,而且要系统分析影响学校教育结果的各种因素,有针对性地进行整改,以化解可能导致的风险。

一、案例描述

1999 年以来,为了适应我国社会发展需求,我国的高等教育迅速从精英教育转变为大众教育。在高等教育大众化的进程中,作为直接为经济发展服务的高等职业教育迅速崛起,占据了我国高等教育的半壁江山。与此同时,高职毕业生就业难问题也日益突出。研究显示:大学毕业生就业难,这只是一个整体的理论概念。其中,高职毕业生一次就业率最低,就业难度最大。以 2003 年扩招后的第一届毕业生就业情况为例,高校毕业生达 212 万人,其本科毕业生一次就业率为 70% 左右,专科毕业生(含高职毕业生)一次就业率不足 40%。[①] 近年,此形势得到了改善。

高职毕业生就业难问题如果不及时得到解决,日趋严重的就业难题势必引发风险,也同样会影响到高等职业教育的发展。北京市相关领导在充分认识到高等职业教育重要性的基础上,采取种种举措,化"危"为"机",破解了高职毕业生就业难题,及时规避了就业问题可能导致的种种风险。

北京市有着特殊的区位特点,其重点发展的产业集中在高新技术产业、现代服务业、都市农业、创意文化产业等方面。这样的经济和产业发展格局,要求北京市必须把职业教育发展的重点放在高等职业教育上,通过高职教育为首都培养一大

---

① 王瑞生.高职生就业难的原因及对策[J].辽宁公安司法管理干部学院学报,2004(3):70－71.

批高技能人才。

为此,北京市持续加大政策支持和投入力度,改善高职院校的办学条件。"十一五"期间,北京市安排50亿元专项经费投向职业教育;提高高职院校生均财政拨款,2008年,北京市高职生均预算内拨款达到1.6万元。"这个数字是国内其他高职院校甚至普通高校都不敢想象的。"北京市市教委一位专职委员曾说:"经过多年的努力,北京的高职教育克服重重困难,在招生改革、规划布局、专业结构调整、学生综合素质培养等方面,逐步形成了特色和优势。"

由于北京市高等院校分布密集,加上文化环境及家长观念等原因,北京市高职院校曾一度出现招生难的现象。解决高职院校招生难题成为北京市发展高职教育必须首先解决的问题。为此,北京市不断改进招生模式,探索多元评价、多样化招生考试制度改革。2006年,北京市先在3所高职院校进行单独考试、单独招生的自主招生改革试点,2009年增加到12所;2010年,北京市高职院校全面实行"高考+会考"录取方案,为高职教育提供较为稳定优质的生源。

招生难只是表象,要想让北京市的高职教育获得持续健康发展的动力,高职院校必须主动适应首都经济发展需求,及时调整专业结构。前几年,北京市工业职业技术学院开设了法律事务专业,由于当地高校高端法律专业人才充足,毕业生就业相当困难。后来,该学院将法律事务专业改为法律文秘(速录),以适应公司企业等事务性工作,学生就业随即有了转机。目前,学院该专业90%的毕业生进入法院和检察院担任书记员。

如北京市工业职业技术学院这样,根据当地区域经济社会发展需求及时优化专业结构,成为近年来北京市高职院校的一种自觉行为。北京市财贸职业学院主动适应当地现代服务业需求,逐步确立了连锁经营管理、物流管理等与现代服务行业需求紧密联系的19个专业;同样,北京市的某电子科技职业学院新校区位于当地经济技术开发区,其专业覆盖了当地重点发展的支柱产业,实现了专业构成与开发区需求的全面对接。

为了推动高职学生的实习实训工作,加强高职院校与企业间的深度融合,北京市教委进行了一系列尝试,包括成立校企合作理事会、校中建厂、订单式培养等。其中,某信息职业技术学院成立校企合作理事会,以契约形式参与集团化办学,为推进校企合作提供制度保障。该职业院校在1 100多平方米的实训室建立校中厂,企业员工手把手教学,加工的零件可直接用于销售。

高职院校毕业的学生,必须具备过硬的技能。近年来,北京市各高职院校大力开展"双证书"教育,鼓励学校将职业资格鉴定站建在学校,将职业技能融入人才培养过程。目前,位于北京市的电子科技职业学院已有4个国家级职业技能鉴定机构,鉴定工种达到53个。此外,北京市还引进国外优质职业认证标准及职业资格证书,如2010年,有8所高职院校的新生可以参加德国职业资格培训,获得德国职业资格证书。

除了高技能,北京市高职教育还重视素质培养,为学生就业插上翅膀。2003年,北京市财贸职业学院开设"财贸素养课程",设计了"财贸素养证书"制度。近年来,"财贸素养证书"得到企业的认可。据该学院院长介绍说:菜市口百货股份有限公司、百货大楼、中国银行先后提出优先录用持有"财贸素养证书"的学生。

学校、政府、社会三方通力合作,北京市高职教育不仅走出了就业难的困境,而且得到了长足发展。截至 2010 年,北京市高职就业率连续三年保持在 96% 以上。在 2010 年全国职业院校技能大赛中,北京市代表队共 39 名学生参加了高职组 7个项目的比赛,取得了 4 个一等奖、3 个二等奖、4 个三等奖的成绩。①

案例涉及的北京市高职教育的改革和发展只是我国职业教育发展的一个缩影。随着我国社会工业化、城市化、信息化、市场化和国际化的深入发展,特别是为应对后危机时代的发展问题,我国政府提出了转变经济发展方式、调整产业结构的任务。要完成这一任务,不仅需要培养高端的科学家、技术专家和管理专家,而且更需要普遍提高国民的文化知识素质和技术技能素质,这就需要大力发展职业教育。中央政府高度重视职业教育的发展,"十一五"期间,中央财政投入 120 多亿元,在全国支持建设了 2 000 多个职业教育实训基地,改善了近 2 700 所中等职业学校的办学条件,扶持了 100 所示范性高等职业技术学院,实施了"中等职业学校教师素质提高计划",直接培训骨干专业教师 3 万多人,促进了职业教育的改革和发展。②

二、案例评析

学校教育社会风险在类型上包括来自学校教育外部的风险和来自学校教育内部的风险等两种。但二者并不是完全分离开来的,并且,由于风险因素和风险事件之间的交互性,学校教育社会风险不仅具有客观性,同时也具有易变性与复杂性等特征。以此为依据分析上述案例,可以认识到:毕业生是学校教育结果的指标之一,毕业生就业状况是学校办学水平和人才培养质量的客观反映,也是彰显学校声誉、提升竞争力的重要因素。因此要从高校可持续发展角度,从高等教育对社会影响力和作用的高度,认识和对待高校毕业生就业问题,及时化解可能导致风险的要素,并防范和规避可能发生的风险事件。

一方面,大学毕业生就业难问题可以看做是一个风险事件,同时也可以看作是更严重的教育社会风险的诱因;但另一方面,导致大学毕业生就业难的诱因却是多方面的。依据现有研究,这些诱因包括如下几个方面:学生层面的就业观和就业能力问题;学校层面的教学质量问题;政府层面的政策引导和投入问题;社会层面的就业支撑与服务体系问题。从学校教育社会风险的角度看,这些诱因交互作用,从

① 王超群.北京破解高职招生就业难题[N].中国教育报,2010 – 7 – 12(1).
② 何建红."十一五"中央财政投入 120 多亿元支持职教[N].中国财经报,2010 – 10 – 16(2).

而成为诱发学校教育社会风险的要素,因此,各主体有必要协同进行风险管理和防范,化解风险要素,规避风险事件。大学毕业生就业难只是发出了风险信号,具体应该怎样防范呢?

从学生层面看,大学生要认清就业形势,了解人才市场的动态,主动进行心理调适,积极参加就业指导,树立正确的择业观以及提升自己的就业能力。

从学校层面看,学校不仅要遵循教育规律,还应该主动适应和引导社会发展需求以及大学生成长和发展的需要,加大专业和课程建设力度,提高教学质量,注重实践能力培养。在保证知识整体的广度和深度的基础上,丰富实验、实习、观摩、考察、调查等课程,给学生提供在生产岗位大量实践的机会,让学生学习到书本里没有的鲜活、生动的知识,增长实际工作才干。

从政府层面看,政府要前瞻性地进行引导以及宏观调控。按照高等教育的大众化发展趋势,要让大学生能发挥他们的作用,社会经济结构也需要做出调整。具体而言就是要转变经济发展方式、调整产业结构,尤其是大力发展第三产业。与此同时,为满足工业产业化建设、城镇化建设和农业产业化调整的需要,政府要通过资源整合与调控,积极进行高等教育结构调整。

从社会层面看,用人单位首先要转变传统的用人观,做到人尽其才,与此同时,社会各方在主动参与高等教育质量保障过程中,对高等教育质量要进行适时监控并提供保障。譬如:企业与高校联合共建培养基地,提供"产、学、研"有机结合的人才培养平台,打造人才培养高地,优化人才培养环境,从而保证企业、人才各得其所。

上述案例显示出:在面对高职毕业生普遍就业难的情况下,北京市政府持续加大政策支持和投入力度,改善高职院校的办学条件;北京市各高职院校采取大力进行招生制度改革、调整专业结构等一系列有效措施等。正是在各方协同努力下,不仅及时防范和规避了高职毕业生就业难可能导致的风险,而且化"危"为"机",使得高等职业教育更加蓬勃发展,从而也适应了北京经济发展的现实需求。

第四节　加强学校科学教育,以加强公民科学素质

公民科学素质是公民素质的重要组成部分,是指公民在现实生活中运用所掌握的科学知识和方法判断事物真伪、解决现实问题、探索科学新知的能力与水平,它涵盖了公民科学意识、科学知识和科学追求三方面的内容。公民科学素质的优劣直接关系着国家综合竞争力的强弱和建设人力资源强国战略目标的实现。

愚昧和迷信是科学的死敌。新中国建立以来,国家在发展教育和普及科学知识方面进行了大量努力,公民整体素质和水平得到了有效提高。然而,在公民素质结构中,我国公民的科学素质仍然相对薄弱。"与发达国家相比,中国的公民科学素质水平仍有较大差距。美国在 2000 年时,达到基本科学素养水平的人口占总人

口比例已经高达 17%。2001 年与'欧盟十五国'、美国、日本等国在对科学知识的了解方面进行比较时,瑞典排名第一,中国名列最后。在对科学方法的了解程度上,中国也几乎排名最后。"[①]公民科学素质的薄弱,既有社会和家庭科普推广不足等方面的原因,又与学校科学教育不到位存在着一定的联系。而缺乏科学知识的防护,愚昧和迷信就会乘虚而入,从而给公民带来危害,震惊社会各界的"神医"事件就是其中的典型。当前我国公民科学素质较为薄弱的现状,反衬出学校加强科学教育的紧迫性。(近年来,由于我国对公民科学素质的重视,全国公民科学素质有了很大提高,全国公民具备基本科学素质的比例由 2003 年的 1.98% 提升到 2010 年的 3.27%,呈逐年上升的趋势)。

一、案例描述[②]

前几年,号称"中医食疗第一人"的"神医"人气非常旺,他的新书上市 4 个月发行量就突破了一百万册。下面为"神医"采访录。

问:你从事中医食疗十几年了,有着 20 多年临床经验。你的观念是把吃出来的病吃回去,是在得病初期及时把它吃回去?

"神医":对,这种观念把我整个行医理念给改变了,咱们走向新的道路,那就是饮食。

问:病是怎么得的呢?

"神医":没几个人得病都知道怎么得的,怎么能治好,结果就用药来控制,我就从这一点反思,看这病到底是怎么得出来的。结果出来了:绝大多数的病都是吃出来的。举一个很简单的例子:中老年人,咱们都是从过去的年代过来的,20 世纪 80 年代以前咱们有这么多病吗?为什么短短 20 几年这么多病出来了?

问:而且有以前没听到过的病。

"神医":对,吃药,把这个病压下去了,那个病又出来了。所以我们今天解决不吃药的问题,首先要解决别得病的问题。比如癌症,20 世纪 80 年代以前中国人也得癌症,那时叫"瘤子",谁要得了癌好像全市的人都知道,太稀奇了。现在比以前得癌症的人多了许多。因为我们的饮食发生了翻天覆地的变化,吃的东西太乱了,太不合理了。

问:现在很多人得"三高",心血管方面的疾病,可能跟长期的饮食卫生习惯有关,我知道这东西可能对身体没太多的好处,比如火锅,但我就喜欢吃。

"神医":对,关键怎么吃。中国文化思想其实就三个字:"和谐"的"和","简单"的"简","适度"的"度",现在这三个字出现了问题。没办法,我只能站出来,教大家别得病,把病吃回去。最重要的是保养"五脏"。

---

① 王俊秀等.我国公民科学素质与欧美相比排名垫底[N].中国青年报,2010 - 9 - 28.

② 孟蔚红,张悟本.把吃出来的病吃回去[N].成都日报,2010 - 5 - 4.

问：刚才你说现在很多病很复杂，其实人的病就和我们的"五脏"有关系？

"神医"：对。得病是果，有果必有因。人就靠这"五脏"活着，这"五脏"您保养得好，身体就好，就不会有病；这"五脏"有病了，您就病了。"五脏"为什么有病了呢？因为您不保养它。什么叫养生？养生养生，生命是养出来的。养哪儿？养"五脏"。您不保养它，它肯定会折腾您，也就是咱们所说的"得病"。世界卫生组织告诫我们：人类致病的原因，第一条是不良生活方式，第二条是营养不均衡。不均衡，包括"过剩"跟"缺乏"。就是一句老话："病从口入"。

问：现在好多人认为烟抽多了对肺会造成更大的损害，其实辣椒对人体的损害也比较大？

"神医"：对。先有肿瘤后有癌，为什么肿瘤长这边不长那边，你不是两个肺都在抽烟吗？但吃辣椒完全可以解释出来。辣养肺，过辣伤肺，有一个度的问题。吃辣椒把肺伤了，气不容易下来，就容易淤积在里面，气淤就出来了，瘤子不就出来了吗？

问：吃辣的？

"神医"：吃辣的。到北京看看，还有不辣的饭馆吗？说到成都，成都人得的病最多的，第一鼻炎，第二肺病，第三胃病，肠胃上的病。肺主大肠，肺通于哪里呢？鼻子。

问：其实都是牵连的？

"神医"：你们想想，一天吃3次，是不是过度了？辣椒都是南方产的，你们四川这边产辣椒，去湿。我们北京是干旱地区，如果也天天吃，你说这个人好得了吗？

问：那就过度了？

"神医"：所以你看随着辣椒吃得多，鼻炎是不是越来越多，伤肺了。现在的医学，鼻炎治不好，来一个名字叫慢性病。中医没有慢性病这个词，天天这边吃了治鼻炎的药，那边吃着辣椒。

问：没治。

"神医"：治不了，实际上把广大老百姓误导了，认为我是慢性病。更可气的说法叫遗传，得了血压高了，如果有家族史，看都不看了，遗传，极不负责任的回答。还有，20世纪80年代以前，有几个高血压？现在高血压遍地都是，中国人的遗传基因全变了？所以我治高血压，很多病人告诉我遗传，我们家有好几个都是，一家人吃一种饭，得一个病，那肯定得高血压。所以大家一定把这个观念改变过来。没有遗传，就是我们不良的生活方式。吃辣的，一天吃一次，别吃三次。什么时候吃？中午吃，晚上最好不吃。

问：你说晚上尽量吃清淡的，但现在大多数人白天都非常忙，没时间吃太好的东西，只有晚上才有时间吃好的东西，怎么调节呢？

"神医"：希望大家共同努力把这个毛病改过来，要是以后咱们晚上都不约事，中午约事，不就改过来了吗，人最大的敌人就是自己的习惯，没人管得了你。比如说我建议大家吃茄子,生吃。很多人都吃不下去,但有人坚持下来以后,病好了。我说你可以不吃了,他要跟我急,我这病刚好你就不让我吃了?我这辈子就吃这个了。

问:茄子?

"神医":咱们大家都做过烧茄子吧,搁油是不是特多?油是不是都跑到茄子里去了?我们今天改了饮食习惯,生吃茄子,是不是把身上的油全吸走了,血脂是不是下来了,血黏稠是不是下来了?

2010年5月,媒体对"神医"的"养生学"展开质疑。随后,"神医"的营业场所遭有关部门查封,号称"中国最权威的营养大师"短短时间内就被打回原形,而给社会留下的是一幕辛辣的讽刺剧。

二、案例评析

公民科学素质是公民素质的重要组成部分,是指公民在现实生活中运用所掌握的科学知识和方法判断事物真伪、解决现实问题、探索科学新知识的能力与水平。"神医"的言论中存在不少明显与科学知识相悖的观点,如夸大饮食不合理在致病因素中的比重、生茄子能吸收身体内的油脂等。"神医"事件的发生,暴露出我国广大民众科学知识和素养普遍低下的现实。"神医"事件背后隐藏的风险因素包括:医疗卫生行业从业资格认证和监管不到位,媒体职业道德不足和媒体监管不到位,社会科学文化知识推广和普及不够以及学校教育在公民科学知识普及方面不足所导致的公民科学素质薄弱等。"神医"事件的风险传导过程是媒体对"神医""养生学"推波助澜式的放大与传播,而其风险结果则是受"神医"欺骗的广大公民在经济、生理和心理上蒙受巨大的损失。

"神医"事件警示人们:国家、社会、家庭和学校要联合起来,共同加强科学教育和科学知识的普及,构筑起坚强的科学屏障,防止"神医"等江湖骗子横行于世。

在本案例中,"神医"事件的发生,纵然是多方面因素综合作用的结果,但学校教育对科学教育重视程度的不够,也是导致公民科学知识和科学素养水平偏低的重要原因之一。为防止"神医"等诈骗分子危害社会,政府应与学校一道,强化科学教育,不断提高公民科学素养,消除公民科学素质薄弱这一风险因素,从而有效防范因公民科学素质薄弱而引发的风险。

对政府而言,应将科学教育内容纳入学校考试和高考内容。当前,创新能力与科学知识在升学考试内容中的缺失,使科学教育在学校教育阵地中逐渐被弱化。应试教育抹杀了科学教育在学生心目中的价值,进而使学生失去了学习科学知识的兴趣,并丧失了基本的科学研究、科学探索的意识和兴趣。针对当前公民素质结构中科学素质较为薄弱的现实,政府可以通过强制性的政策引导,将科学教育内容纳入广大中小学考试和高考的考核范围,从而使科学教育在学校教育系统中扎根,保证学生都能接受一定水准的科学教育,从而保障学生群体基本的科学素质水平。

对学校而言,应充分认识到科学教育的重要性,在课程体系中增加科学教育内容的比重。科学知识是公民科学素质的重要组成部分,它的培养主要依赖于系统化的学校教育。因此,学校应把科学教育内容融入相关的课程体系,甚至在特殊情况下,还可以单独设立科学教育课程,以保证科学教育拥有充分的载体。

需要强调的是:在学校科学教育中,尤其要重点培养学生的创新意识和创新能力。学生只有具备创新意识和创新能力,才能使他们今后仍对科学知识保持学习和探索的兴趣,从而使其具备自我提高科学素质的持续动力。

参 考 文 献

1. [德]乌尔里希·贝克.风险社会[M].何傅闻译.南京:译林出版社,2004.
2. 张伟江.教育评估标准汇编[C].北京:高等教育出版社,2009.
3. 张伟江,孙祝岭,郭朝红.教育评估的可靠性研究[M].北京:高等教育出版社,2009.
4. 王健康.风险管理原理与实务操作[M],北京:电子工业出版社,2008.
5. 刘岩.风险社会理论新探[M].北京:中国社会科学出版社,2008.
6. 陈玉琨.教育评估的理论与技术[M].广州:广东高等教育出版社,1987.
7. 刘淑兰.教育评估和督导[M].上海:华东师范大学出版社,2000.
8. 陶西平.教育评价辞典[Z].北京:北京师范大学出版社,1998.
9. 刘本固.教育评价的理论与实践[M].杭州:浙江教育出版社,2000.
10. 吴钢.现代教育评价基础[M].上海:学林出版社,1996.
11. 黄光扬.教育测量与评价[M].上海:华东师范大学出版社,2002.
12. 范道津,陈伟珂.风险管理理论与工具[M].天津:天津大学出版社,2010.
13. 王健康.风险管理原理与实务操作[M].北京:电子工业出版社,2008.
14. 陈萌萌.风险社会背景下政府治理的路径选择[D].中国海洋大学硕士论文,2007.
15. 乐毅.学校评估研究——以美国国家质量奖《绩效优异教育标准》为比较例证[D].华东师范大学研究生博士学位论文,2005.
16. 董华容,余亚华.高等教育质量风险研究——高等教育发展的迫切需要[J].中国电力教育,2007,(9).
17. 宋林飞.中国社会风险预警系统的设计与运行[J].东南大学学报,1999,(1).
18. 冯必扬.社会风险与风险社会关系探析[J].江苏行政学院学报,2008,(5).
19. 邓伟志.关于社会风险预警机制问题的思考[J].社会科学,2003,(7).
20. 刘畅,张玉堂.学校安全预警机制的构成与运行[J].北京理工大学学报(社会科学版),2005,(8).
21. 庄严,马书琴.正确认识教育风险与风险教育[N].光明日报,2006 - 6 - 17.
22. Michael R. Greenberg. Behavioral Risk and Education:A United States Case Study[J].The Environmentalist,1988,8.
23. Duvon G. Winborne,Patricia Dardaine - Ragguet. Affective Education for " At - Risk" Students:The View of Urban Principals [J]. The Urban Review,1993,25.
24. Michael Gard,Jan Wright. Managing Uncertainty:Obesity Discourses and Physical Education in a Risk Society[J].Studies in Philosophy and Education,2001,20.
25. Robert Holzmann,Steen Jorgensen. Social Risk Management:A New Conceptual Framework for Social Protection,and Beyond [J]. International Tax and Public Finance,2001.
26. James E. Short,JR. Social Dimensions of Risk:The Need for a Sociological Paradigm and Pol-

icy Research [J]. The American Sociologist/Summer,1987.

27. C. Pesaresi,M. Marta,C. Palagiano,R. Scandone. The evaluation of "social risk" due to vol-
canic eruptions of Vesuvius[J]. Nat Hazards,2008.

28. Liliana Guran1,David Turnock. A preliminary assessment of social risk in Romania [J]. Geo
Journal,2000,50.

后　记

　　根据社会风险管理理论,社会到处充满着风险,事物在社会风险中发展壮大,也在社会风险之中磨灭消亡,当今社会是风险的社会。学校教育是一种社会活动,同样面临着各种社会风险。一方面,社会上的各种相关因素等给学校教育带来危险的可能性与损失广泛存在;另一方面,学校教育本身的一些非健康因素等给社会带来的危险的可能性与损失更是不容忽视。那么,如何才能使学校教育有效预测风险、规避风险、健康发展呢?如何才能使学校教育更好地发挥其育人功能与促进人类社会文明进程的作用,避免或减少给社会带来的风险呢?从社会风险管理的视域来考察、兴办与管理学校教育,意义重大而深远。

　　学校教育社会风险的客观存在已引起国家的重视,这一点在《国家中长期教育改革与发展规划纲要(2010—2020年)》中可窥见一斑,国家对开展与加强科学的教育评估工作与研究给予了前所未有的关注。上海市教育评估院原院长张伟江教授高瞻远瞩,率先提出了开展“教育社会风险评估”的倡议,并于2009年将其确定为上海市教育评估院研究项目。

　　承蒙厚爱与支持,我们承担了这一极具挑战性的课题研究。从社会风险管理的视域,以系统论的观点来研究学校教育与管理,极具开创性与挑战性。这既意味着一切从零开始,任务艰巨,责任重大;也意味着“一张白纸,没有负担”,可以广开思路,大胆创新。在上海市教育评估院领导的关怀与支持下,经过课题组成员的齐心协力,苦心经营的成果终于得以呈上,以接受领导与同仁的检阅。欣喜之情油然而生,庆幸我们如期完成了任务。希望我们抛出的这块“砖”有望收获一块块色彩斑斓、完美无瑕的“玉”!

　　本研究由张伟江教授指导,上海师范大学夏人青研究员、何玉海副研究员设计策划,课题组共同完成。参与本书的编写人员有姜传松博士、夏人青、何玉海、杨琼、高桂娟、杨成文,最后由夏人青完成统稿。

　　本书是集体智慧的结晶,在撰写过程中,宋彩萍教授参加了前期研究工作,并提出了许多意见与建议,在此表示衷心感谢;特别感谢张伟江教授,他的关怀、指导与帮助给予课题组成员以巨大的支持与鼓励;同时我们也感谢郭朝红博士的支持与帮助。书中引用了相关学者的观点,在此一并表示衷心感谢。

本书是对建构学校教育社会风险管理理论的一种尝试,由于我们水平有限,难免有不当之处,恳请读者批评指正。

学校教育社会风险评估研究课题组
2011 年元月